W0373582

POUR BOUALEM SANSAL

Collection *Makom* dirigée par Michel Gad Wolkowicz

Avertissement

L'éditeur tient à préciser que cet ouvrage est le fruit de l'addition de contributions personnelles qu'il a sollicitées. Aucune orientation éditoriale n'a été imposée aux auteurs, et aucun d'eux n'a eu connaissance des textes écrits par les autres contributeurs.

POUR BOUALEM SANSAL

SOUS LA DIRECTION DE
PASCAL BRUCKNER
ET MICHEL GAD WOLKOWICZ

DAVID REINHARC

« Ils arrivèrent à moi. Ils me firent de grands yeux, ils s'y préparaient depuis longtemps. J'étais une interrogation, une abominable surprise, un cas sérieux [...]. J'étais l'occasion rêvée, une carte à jouer. Le vieux président tenait là un coup politique fumant ; ses oreilles en frémissaient. Il me prit par la manche en guise de fraternité. »

Boualem Sansal,
L'Enfant fou de l'arbre creux

SOMMAIRE

2 / FRANCE-ALGÉRIE : HÉRITAGE, TENSIONS, PERSPECTIVES ... 88

5 / COMMENT ENCHAÎNE-T-ON LES ESPRITS LIBRES ? PETIT GUIDE DE L'ARBITRAIRE À L'USAGE DES DICTATURES 180

NOTE DE L'ÉDITEUR

David Reinharc

Mercredi 12 février 2025. Je reçois, dans les bureaux des éditions Reinharc, rue de Miromesnil, un sympathique étudiant. La convention de stage a été signée quelques jours auparavant, et le jeune homme qui se présente a bon air : le cerveau empli d'étincelles, des manières franches et ouvertes qui réjouissent tout le monde. On lui montre les lieux, les collègues et, bien sûr, la programmation éditoriale. Il y découvre *Pour Boualem Sansal*, un livre collectif dédié à l'œuvre et à la libération de l'écrivain franco-algérien.

Pour Boualem Sansal ? Les yeux de l'étudiant s'écarquillent. Il semble épouvantablement gêné. Il prend son visage entre ses mains. D'une voix désespérée, ne me regardant que d'un œil, il dit : « Mais... Vous n'êtes quand même pas une maison d'extrême droite ? »

Moi, né dans une communauté juive ashkénaze (et sur un divan de psychanalyste, sur lequel je suis resté allongé toute ma vie), bercé enfant par le yiddish, la langue maternelle de mon père — terre élective dont je me sentais exilé parce que je n'avais pas accès à ce code secret entre les survivants, entre ceux qui avaient connu l'*avant* et l'*après* du génocide —, moi qui, au-delà du besoin de remonter le cours des paroles mortes, me veux le garant de cette mémoire que ma maison d'édition aspire à garder vivante, me voici transformé, en un pincement de nez façon *Ma sorcière bien-aimée*, en néopaïen folklorique célébrant le solstice d'hiver autour d'un bûcher lors de fêtes traditionnelles germaniques.

Il faut dire que, pour aggraver mon cas, trônait sur mon bureau le livre que je venais de diriger avec le professeur Sarah Fainberg, *7 Octobre. Manifeste contre l'effacement d'un crime*. Chaque exemplaire de ce livre porte un nom différent, celui de l'une des 1 160 victimes du massacre du 7 octobre 2023. « Un livre, un nom » singularise le destin des disparus, de l'enfant à la survivante de la Shoah, qui furent suppliciés parce que juifs. Cet ouvrage collectif rend ainsi hommage à chacune des victimes dans son unicité irréductible, tout autant qu'il se veut un manifeste contre l'effacement d'un crime contre l'humanité à visée génocidaire. Parmi les contributeurs, Gérard Larcher, Michel Houellebecq, Sylvain Tesson, Georges Bensoussan, Manuel Valls et… Boualem Sansal. Des noms qui, assurément, ne semblaient éveiller en notre stagiaire qu'une froide réserve. Celui-ci, de plus en plus nerveux, finit par s'enquérir, d'une voix qui se voulait calme mais qui trahissait une tension plus grande : « Vous ne niez quand même pas le génocide des Palestiniens ? »

Le pauvre ! Ou nous autres, défenseurs de Sansal, luttant avec lui contre le totalitarisme islamiste et l'autoritarisme algérien, *pauvres de nous !* Pauvres de nous de devoir justifier de la bonne conformité idéologique de notre combat, quand les choses sont claires comme le jour. Il est des causes qui requièrent un dessillement, une information supérieure, un courage de quitter une doxa simpliste et protectrice ; il a fallu du courage aux maoïstes, admettons, pour reconnaître l'immensité de l'horreur de leur idéologie, au fur et à mesure que la vérité se faisait jour ; mais dans l'« affaire Sansal » — aussi bien d'ailleurs que concernant le Hamas, qui se dit « mouvement contemporain de libération nationale » et dont le *modus operandi* de prédilection est le pogrom de nourrissons —, pour une fois en ce monde si trouble, où nous avançons « dans le brouillard », comme disait Milan Kundera, Éros et Thanatos, le bien et le mal, se présentent comme tels ; toutes les données du problème, factuelles comme morales, sont là, en pleine lumière.

Quelles sont ces données ? Tous les lecteurs ne les ont peut-être pas en tête. Les voici : un écrivain a déplu à un régime autoritaire, et ce régime autoritaire l'a jeté en prison. L'Algérie avait un écrivain très lu et très aimé, un grand artiste, un joyau culturel, et l'Algérie a décidé de l'écraser.

Cet écrivain, que j'ai eu l'honneur d'éditer à plusieurs reprises (pour la préface d'un livre et deux contributions à des livres collectifs), avec qui nous parlions de littérature (« Je serais très heureux que l'on se voie lors d'un de mes prochains passages à Paris pour parler de ce que nous appelons art, qui n'est peut-être que de la chimie et de la cuisine, bases de l'art chez les alchimistes », m'écrivait-il avant que sa voix ne se taise) est un homme profondément courageux et doux, un ancien hippie, très *ni dieu ni maître*. Pourquoi a-t-il dénoncé sans relâche l'emprise de l'islamisme sur la France, et notre désarmante naïveté face à l'infiltration des réseaux fréristes ? Parce qu'il est plus sensible que quiconque à ce qui représente incontestablement une menace directe à notre liberté ; et parce que ce qui fonde historiquement l'écriture de Sansal, c'est la guerre civile algérienne, la décennie noire, ce « trauma inaliénable », comme l'écrit Éric Marty : Sansal sait quels massacres accompagnent toute poussée victorieuse de l'islam radical.

« L'affaire d'un seul doit devenir l'affaire de tous », écrit quant à lui Alain Finkielkraut. Comment comprendre que ce ne soit pas le cas ? Car notre jovial étudiant n'est pas une exception ; je parie que les chaînes de production idéologique de Nanterre et Paris-VIII doivent avoir des rendements tout à fait honorables, de l'ordre de plusieurs centaines d'étudiants insoumis, militants du « parti collabo » qui se croient dans le camp du bien, cet « esprit sain qui pue la connerie » (Kundera), prêts à en découdre avec quiconque s'attaque à leurs idoles — juntes militaires corrompues, islamistes glorifiant la mort, guérilleros du Hamas avides de kidnappings, de viols et d'exhibitions de femmes juives dénudées et violentées comme des trophées. Leur arme est toujours la même : nazifier l'ennemi, lui reprocher une collusion avec l'extrême droite, une extrême droite qui commence, aux dernières nouvelles des campus, à Benoît Hamon.

De jeunes étudiants gauchistes s'en prennent donc à un écrivain algérien libertaire pour avoir critiqué une religion et un gouvernement autoritaires. Ô morale ! Ô raison ! *Looping the loop*, la boucle est archi-archi-bouclée, cette fois. C'est à en avoir le tournis. Les Français ne mesurent peut-être pas tous combien il était courageux, de la part de Boualem Sansal, de nous dire, dans ses livres et de vive voix, les quatre vérités de l'islam radical et de l'Algérie ; Sansal en était parfaitement conscient et, en sage souriant qu'il est, se savait à la merci de la police de Tebboune. À quatre-vingts ans, et malade, il a dénoncé sans relâche le rapport empoisonné qu'entretiennent les Algériens avec l'histoire de leur pays. J'apprends, au moment de publier ce livre, qu'il subit un harcèlement de la part des autorités algériennes, y compris dans la chambre d'hôpital où il est parfois transféré. Dans *Gouverner au nom d'Allah*[1], il dénonçait vigoureusement le silence des intellectuels musulmans ; il leur reprochait leur peur, leur pusillanimité. « Jusque-là, dans le monde arabe, nous n'avons connu les islamistes que dans l'opposition, pacifique ou armée. À présent, ils sont au pouvoir. C'est réellement une nouvelle ère qui commence pour les pays "arabes". Pour le monde aussi, peut-être. » Il était bien seul à le dire ; et le voilà emprisonné. Voilà qui excuse les autres intellectuels vivant en Algérie ; et voilà qui nous oblige, totalement.

Les intellectuels français, eux, ne risquent pas, que l'on sache, d'être emprisonnés. Il est de leur devoir d'appeler à libérer Sansal, et il est de notre devoir d'éditeur de rassembler leurs voix. Chacun des soixante auteurs, à sa manière – manière d'écrivain, d'homme politique, de penseur, d'artiste – montre que l'emprisonnement de Sansal est un augure, un très mauvais augure, bien entendu, quelque chose qui doit nous *arrêter*. Abandonner Sansal, parfait représentant de l'universalisme et de l'humanisme, c'est abandonner une certaine idée de nous-mêmes.

Car pourquoi tenir dans les fers un romancier ? Il y a un proverbe admirable, que cite Milan Kundera dans son discours de Jérusalem : *L'homme pense, Dieu rit.* Il n'y a pas de paix possible entre l'Occident des philosophes grecs et des prophètes juifs, sensibles à l'écho du rire de Dieu et que travaillent en profondeur le doute, la critique, l'aptitude à se mettre soi-même en question, et

1. *Gouverner au nom d'Allah, islamisation et soif de pouvoir dans le monde arabe*, Gallimard, 2013.

cette armée de fanatiques religieux que l'on voit pointer à l'horizon sur l'autre rive, détenteurs de la vérité éternelle.

Les mensonges, les mystifications, les manipulations, les réécritures sont les procédés courants des propagandes, des inquisitions, des pouvoirs totalitaires. Dans une des nouvelles du *Tombeau pour Boris Davidovitch*, Danilo Kiš nous raconte une de ces « mises en scène piégées » dont fut victime Édouard Herriot dans les années trente, lors d'une visite en URSS. On le fait assister à un simulacre de cérémonie religieuse mis en scène spécialement pour lui. Des acteurs professionnels et improvisés participent à une messe dans une église depuis longtemps transformée en brasserie, et que l'on s'est empressé de restaurer pour l'occasion. Grâce à cette simulation, Édouard Herriot est rassuré quant à la liberté du culte en Union soviétique.

En Algérie, écrit Mohamed Sifaoui, il n'y a que l'illusion qui fonctionne encore : « Tel un mirage, elle fait croire à ceux qui sont sensibles aux discours populistes que ce "pays est grand" ». Au pays du mensonge déconcertant, de quels moyens disposons-nous ? Face à un régime qui ne comprend que le rapport de force, il faut cesser, nous dit Xavier Driencourt, les amabilités et les câlins que prodigue Paris depuis longtemps.

Même si je suis un incroyant qui n'entre plus dans une Maison de prière pour m'adresser à un Absent, je me souviens qu'enfant j'accompagnais mon père le vendredi soir à la synagogue. Je me souviens de cet hymne allégorique par lequel l'assemblée des fidèles invoque le chabbat qui vient, l'appelle, le souhaite, le désire, comme on ferait d'un être aimé dont on voudrait qu'il arrivât.

J'attendais que ce seuil s'ouvre pour laisser passer réellement, matériellement, ce chabbat, qui n'est qu'un personnage idéal, un appel du désir. Chaque fois, face à cette absence têtue, tiraillé de tristesse, prêt à me laisser emporter par la révolte, j'aurais souhaité que l'assistance refusât de faire le demi-tour vers le fond de l'édifice où est contenue la Loi, joignant ainsi le geste à la parole, et l'injonction à l'oraison : le jour du chabbat doit venir ici, *maintenant ou jamais*.

Il me plaît de penser aujourd'hui que le seuil pourrait s'ouvrir pour le Grand Absent du moment, Boualem Sansal, ce contradicteur des certitudes idéologiques qui, à l'instar de Pénélope, défait pendant la nuit la tapisserie que les fanatiques tissent le jour.

Avec amour, angoisse, crainte et tremblement, je nourris aujourd'hui l'espoir que ce livre-bouteille jeté dans la Méditerranée trouvera son destinataire en pleine santé.

Pourquoi ce livre ? Parce que nous pensons, avec Pascal Bruckner, que Boualem Sansal, combattant de la liberté et grand écrivain francophone, doit être défendu sans condition face à l'arbitraire terrifiant d'un pouvoir militaro-islamiste. Un pouvoir qui entretient la foule, nous dit Michel Gad Wolkowicz, dans le ressentiment, la rancune, la projection victimaire de ses échecs et humiliations à l'extérieur, sur la France.

Car nous tenons à toi, Boualem, à ta liberté d'être, de penser et d'agir, avec ce sentiment, dont parle la philosophe Simone Weil, de « tendresse poignante pour une chose belle, précieuse, fragile et périssable », et qui, si l'on ne faisait rien, serait condamnée.

Paris, le 1er mars 2025

PRÉFACE

Pascal Bruckner

Sur tout emprisonnement d'un intellectuel ou d'un dissident par un pouvoir autoritaire plane l'ombre d'Alexandre Navalny, mort dans les geôles russes en février 2024 dans le pénitencier de Kharp, en Iamalie, dans l'Oural. L'arrestation de l'écrivain franco-algérien Boualem Sansal le 16 novembre à Alger, par la police militaire, laisse augurer du pire. Résumons brièvement : Boualem Sansal, un ami personnel, est un écrivain franco-algérien de 80 ans, lauréat de plusieurs prix littéraires, dont celui de l'Académie française, en 2015. D'origine marocaine par son père, il a reçu une formation d'ingénieur et d'économiste. Un temps haut fonctionnaire en Algérie, il a été renvoyé de son poste à la suite de la publication d'un roman, *Dis-moi le paradis* (2003), très critique à l'égard du pouvoir algérien et des islamistes. Avec son catogan de cheveux blancs et sa tête d'Apache, Boualem Sansal est l'exemple même du rebelle débonnaire mais têtu. Il n'insulte pas, n'apostrophe pas, mais ne cède rien. Cette affaire est en train de provoquer un véritable tsunami dans les relations franco-algériennes.

Tout commence par la remise le 4 novembre au restaurant Drouant du prix Goncourt à Kamel Daoud, pour son livre *Houris*, malgré les campagnes de calomnie orchestrées depuis Alger, à travers des officines autorisées, dont le site islamo-trotskyste Mediapart, fondé par Edwy Plenel. Pendant une heure, Daoud explique aux dix jurés du prix, dont je suis, qu'il est sur une liste noire de personnes à traquer, qu'il a dû déménager, changer son fils d'école, et qu'en entrant dans le restaurant il a craint d'être rafalé ou poignardé par un fanatique, malgré la présence d'une quarantaine d'agents en civil de la police française. Les articles se succèdent dans la presse algérienne pour accuser Daoud, grand ami de Boualem Sansal, d'avoir battu son ancienne épouse, plagié l'histoire d'une patiente de sa femme, qui est psychiatre.

Avec ce prix aussi politique que littéraire, les relations franco-algériennes ont pris un tour saumâtre. Quelques jours auparavant, fin octobre, Emmanuel Macron avait effectué une visite officielle de réconciliation au Maroc, qu'il avait boudé pendant ses premières années de présidence. Durant ce séjour, Emmanuel Macron confirme ce qu'il avait déjà annoncé durant l'été : la reconnaissance de la souveraineté de Rabat sur le Sahara occidental, pomme de discorde avec l'Algérie. La coupe est pleine pour les autorités algériennes, qui lancent une véritable campagne stalinienne contre l'Hexagone. Le 22 novembre, l'agence officielle Alger Presse Service publie un communiqué : « La France macronito-sioniste s'offusque de l'arrestation de Boualem Sansal à l'aéroport d'Alger. » En d'autres termes, le lobby juif fait la loi à Paris, pour mieux discréditer l'islam et l'Algérie. Il faut ajouter à ce psychodrame un entretien donné par Boualem Sansal au média français *Frontières*, dans lequel il reprend la position du Maroc, et ajoute que toute la partie ouest de son pays était marocaine avant la colonisation française, dont les trois villes Tlemcen, Oran et Mascara. Il ajoute une phrase qui a fait hurler le pouvoir algérien : si la France n'a pas colonisé le Maroc (elle en a fait un protectorat de 1912 à 1955), c'est que ce dernier « est un grand État », qui existe depuis treize siècles. En effet, « c'est facile de coloniser des petits trucs qui n'ont pas d'histoire, mais coloniser un État est difficile ». Les dirigeants du « petit truc » ont vu rouge. Rappelons que l'Algérie a été soumise à la Régence ottomane de 1516 à 1835, tout en gardant une large autonomie. Mais c'est contre la France que les dirigeants de ce pays dirigent leurs coups, car la Sublime Porte était musulmane. Boualem Sansal s'est ainsi rendu coupable de trahison, et de porter atteinte à l'intégrité territoriale de son pays.

La question ne serait pas aussi brûlante si Macron n'avait pas louvoyé d'une façon inquiétante. À Alger, la référence à l'ennemi français ne sert qu'à raviver la dette inextinguible que Paris aurait contractée à l'égard de son ancien département. Le plus étonnant fut de voir ce discours repris par le candidat Macron dès 2017 en visite à Alger. Gloriole, étourderie, ignorance, le futur président avait alors parlé de la colonisation française comme d'un « crime contre l'humanité ».

Dans une démarche mimétique avec Jacques Chirac, il avait confessé vouloir faire pour l'Algérie ce que son prédécesseur à l'Élysée avait fait avec la Shoah en 1995. La comparaison est énorme, mais justifiée par le fait que la guerre d'Algérie serait « l'impensé de notre politique mémorielle ». Impensé, vraiment ? Cet impensé est très bavard, cette histoire muette prolixe : on ne compte plus les milliers de livres, les centaines de documentaires, les dizaines de films consacrés à cet épisode. Alger semble ne pas pouvoir exister, respirer, penser sans diaboliser la France, l'adversaire éternel autant qu'indispensable. Une évidence s'impose : Macron ne veut pas divorcer de l'Algérie. À son insu peut-être, il continue à parler le langage religieux de la contrition, pour ne pas engager Paris et Alger dans une relation de partenariat apaisé. Il est Atlas portant ce poids éternel, qu'il confie à la postérité. Il établit malgré lui un lien douteux entre la colonisation et l'Holocauste, deux phénomènes différents. La blessure doit continuer à suppurer : mais pourquoi ?

S'il faut regarder son histoire en face, il faut considérer aussi la réalité : c'est en France que les dissidents algériens se réfugient, c'est vers la France, la marâtre aussi honnie que désirée, que la jeunesse algérienne se tourne, gourmande de visas. L'Algérie veut rester la victime de la France pour lui demander des comptes et réitérer cette « rente mémorielle » que Macron avait si bien dénoncée en octobre 2021, avant de se rétracter, comme effrayé de sa propre audace. Au détour d'une longue série de digressions, le président français peut parfois lâcher une vérité gênante, qui embarrasse ses interlocuteurs. C'est le propre du « en même temps » : il fâche tout le monde sans satisfaire personne. Macron a certes affirmé, le 6 janvier 2025, lors de la Conférence des ambassadeurs, que l'Algérie s'était *déshonorée* en détenant l'*écrivain franco-algérien*. Mais, pendant deux mois, il ne s'est ensuivi aucune conséquence concrète sur le plan des visas, ou des rétorsions possibles envers le régime islamisto-mafieux. Qu'importe : le président français ne veut pas apurer les comptes, il veut demeurer dans le pathos perpétuel. S'il a eu raison de condamner les crimes du colonialisme, il aurait pu rappeler aussi ceux des indépendantistes, et notamment le massacre des harkis. Un discours clair aurait pu trancher le nœud gordien aussi avec Alger, et ouvrir un avenir dépassionné aux deux pays. C'est toute cette ambiguïté que paye Boualem Sansal, bouc émissaire malgré lui des ambivalences élyséennes.

Mais cette affaire réveille tous les contentieux internes à la gauche française : le 24 novembre, sur une chaîne publique, dans l'émission « C politique », l'historien Benjamin Stora, émissaire officiel du pouvoir français, chargé de piloter le travail de réconciliation, s'est livré à une étonnante critique de l'écrivain franco-algérien Sansal. Au lieu de le défendre, il a souligné que l'auteur n'était pas exempt de tout reproche, car il aurait « blessé le sentiment national algérien » par ses propos. Peu auparavant, le politologue Nedjib Sidi Moussa, proche des salafistes, avait vivement critiqué Boualem Sansal, l'accusant d'alimenter depuis quelques années un discours hostile à l'égard des immigrés et des musulmans. Au Parlement européen, en janvier 2025, la députée LFI Rima Hassan et Manon Aubry ont refusé de soutenir une motion du Parlement européen en faveur de la libération de Boualem Sansal : Rima Hassan a voté contre, Manon Aubry s'est abstenue. Comment ne pas penser ici à l'aveuglement de la gauche française face à Soljenitsyne ? Aux remarques désobligeantes de Jean Daniel, directeur du *Nouvel Observateur*, qui, sur le plateau d'« Apostrophes » le 11 avril 1975, indique au dissident russe qu'il ne faut pas oublier les méfaits du capitalisme et du colonialisme européen ? Boualem Sansal, combattant de la liberté et grand écrivain francophone, doit être défendu sans condition face à l'arbitraire d'un pouvoir militaro-islamiste. Toute réticence à son endroit équivaut à l'approbation de ce kidnapping légal.

Romancier et philosophe, ***Pascal Bruckner*** *est l'auteur d'une œuvre forte d'une trentaine de titres, qui lui a valu de nombreuses distinctions (prix Médicis de l'essai, Prix Montaigne, prix Renaudot), de non moins nombreuses traductions à l'étranger et adaptations à l'écran. En 2024, il a publié chez Grasset* Je souffre donc je suis. Portrait de la victime en héros.

PROLOGUE

Le nom d'un nouveau scandale d'État(s)

Michel Gad Wolkowicz

Boualem Sansal, mon ami, un défenseur implacable de la démocratie et de la liberté, a été arrêté par les autorités algériennes à son arrivée à Alger le samedi 16 novembre 2024.

L'enlèvement, d'une part, la séquestration arbitraire d'un citoyen, sa mise au silence, privé de parole et de visites, y compris de son avocat, accusé du seul délit de pensée, de critique (le plus grave dans ces cultures), de « haute trahison » et d'« allégeance à l'ennemi » (la France ? Israël ?) par un régime algérien totalitaire conjuguant dictature militaire, stalinisme et islamisme, et, d'autre part, l'abandon, l'assourdissant silence, l'absence d'une réaction minimale qu'aurait celle du moindre gouvernement dans le monde, de la part de l'État français, si prompt pourtant à balancer, certes à géométrie très variable, des leçons humanitaristes et de gouvernance à d'autres, constituent un scandale abominable, une nouvelle affaire d'État, comme l'a été l'affaire Sarah Halimi. Une double affaire d'État(s) !

Boualem Sansal, l'un des grands écrivains contemporains – *Le Village de l'Allemand, Le Train d'Erlingen ou la Métamorphose de Dieu, Abraham ou la Cinquième Alliance, Gouverner au nom d'Allah, 2084, Le français, parlons-en !*, etc. –, l'une des grandes consciences de notre temps, un temps de défaillance du politique, de nouvelles lâchetés et de collaborations honteuses, lui, Boualem, le *Mensch*, répond présent aux appels à la liberté et à la justice, nonobstant les filiations et origines diverses. Respecté et primé, il est reconnu pour sa défense sans compromis des Droits de l'homme, du sujet, et sa dénonciation sans relâche des fanatismes polymorphes, des négationnismes et révisionnismes, de la corruption et de l'oppression, de tous les régimes totalitaires, y compris en Algérie et dans les pays arabo-musulmans, comme ailleurs. Autrement plus courageux que nos aboyeurs droit-de-l'hommistes qui se narcissisent doublement, en posture héroïque et victimaire, à bon compte, accusateurs d'apartheids, de crimes de guerre et de génocides imaginaires contre des démocraties dont ils n'ont rien à craindre.

La France elle-même aujourd'hui utilise-t-elle le même ingrédient, l'anti-israélisme, que l'Algérie et les autres pays arabes, pour tenter d'apaiser leurs masses ? Ingrédient non seulement immoral, dans le déni désubstantialisant du réel, mais aussi improductif, puisqu'en cédant à la peur elle valide, au contraire, les délires et les discours de haine, les appels au terrorisme et au meurtre, elle active les manifestations et les passages à l'acte violents.

Nous sommes dans l'attente douloureuse de nouvelles de Boualem Sansal, citoyen algérien et citoyen français, dont nous savons la maladie évolutive, et dans l'incertitude. Le pouvoir algérien entretient le chantage, le sadisme, jouant de rumeurs contradictoires, savamment orchestrées et propres à sa nature, participant à son autoconservation, entretenant la foule dans le ressentiment, la rancune, la projection victimaire de ses échecs et humiliations à l'extérieur, sur la France – dont elle est indépendante depuis près de soixante-cinq ans et qu'elle continue à insulter et rançonner – et sur l'« entité sioniste », l'« aphrodisiaque du monde arabe », selon la formule même de feu le roi du Maroc, l'absence de bouc émissaire commun actualisant le fratricide et le risque de régicide.

La seule faute de Sansal serait-elle d'utiliser sa voix pour nous avertir sans relâche de la nature des menaces et des stratégies de l'entrisme islamiste en Europe, pour dénoncer l'antisémitisme et sa forme la plus hypocrite, l'antisionisme, et plus généralement pour dénoncer les figures du mal et du totalitarisme – plus précisément, les arrestations et condamnations arbitraires, dont il est aujourd'hui la victime, d'étudiants, d'écrivains, d'intellectuels – et le fait que des cibles soient posées sur des individus par les islamistes pour être exécutés par les services spéciaux ou par les mal nommés « atomes isolés » (qui sont agis en fait par un discours de masse) ?

À notre tour d'être dignes de son courage et de son engagement, de mériter sa confiance, sa bienveillance constante. Mon ami Boualem s'est à chaque occasion rendu disponible : ainsi pour un texte dans l'ouvrage *L'Affaire Sarah Halimi ou l'Éradication du sujet*, déjà une affaire d'État, puis pour l'ouvrage 7 *Octobre. Manifeste contre l'effacement d'un crime*, mais aussi pour la préface du livre de Michel Granek *Une* Grande *Voyage*, évoquant la vie des parents et grands-parents de l'auteur pourtant inconnu du public (psychanalyste reconnu, il est issu d'une famille de Juifs émigrés de Pologne, pris dans la tourmente des persécutions nazies et dans l'horreur de la Shoah, et résistants français avant d'émigrer en Israël). Ces livres ont tous été publiés aux éditions David Reinharc, dans la collection « Makom », que je suis fier de diriger (« Makom » : lieu psychique, le lieu des lieux). Boualem était présent, avec affection, attaqué et sournoisement diffamé par des petits envieux, mimétiques destructeurs, lorsque, à la suite d'un colloque organisé par Schibboleth – *Actualité de Freud* au Centre Rachi, j'ai coordonné *Le Nouvel Antisémitisme en France* aux éditions Albin Michel.

Avec sa douceur, sa fermeté tranquille et déterminée, son amitié sans faille, Boualem et son amour, son éthique de vérité, son éthique chevillée au corps, au cœur, d'élévation de l'esprit, de liberté responsable... Boualem a été abandonné, voire attaqué par une certaine gauche qui a renié toutes ses valeurs et perdu toute décence, elle qui ne cesse de s'envelopper dans la posture d'une incarnation qui lui serait exclusive et essentialisée en *la* morale et en *la* culture, et qui traite Boualem Sansal d'extrémiste de droite et de suppôt du sionisme !

On n'a pas pardonné à Boualem Sansal d'être l'ami d'Israël, qui renvoie en miroir inversé la honte de l'Europe à ne pas se défendre contre ceux qui l'attaquent tant de l'extérieur que de l'intérieur, contre les Frères musulmans qui grignotent ses valeurs, son style de vie, sa culture, les Droits de l'homme et de la femme, sa créativité, qui répandent la terreur sous toutes ses formes, qui déciment tant ses Lumières que ses citoyens, qui utilisent sa démocratie pour la pervertir et la détruire à leurs profits idéologico-religieux. On ne lui pardonne pas de pointer la faiblesse de la France « élitiste », complexée et jouissant de l'introjection d'une dette infinie et d'une culpabilité perverse, narcissique, face à un pouvoir algérien lui renvoyant la responsabilisation absolue de ses propres échecs chroniques, de ses propres sentiments d'humiliation ; une France paniquée et paralysée au regard d'une partie de la « jeune » population maghrébine, dont la violence s'étaye sur le malaise culturel et identitaire dont elle a hérité, et qu'elle ne peut psychiquement conflictualiser et élaborer, tentant de restaurer son vide narcissique par sa fétichisation d'une Palestine imaginaire, de diluer sa honte sous-jacente par une haine que malheureusement beaucoup ne font, pour des motivations et intérêts morbides divers, que légitimer.

Le pouvoir algérien s'est autorisé cette razzia, ce rapt d'État de Boualem Sansal, citoyen français pris ostentatoirement en otage pour humilier l'État français à genoux, à un moment d'effondrement de sa gouvernance, de dissolution de sa psyché collective, de chaos économico-politique et culturel. Cet État, pourtant censé être garant des marqueurs civilisationnels et du Symbolique, trouve plus urgent de promouvoir la transition de genre chez les mineurs dès l'âge de 16 ans que de résoudre l'abyssale dette du pays et les problèmes graves de la vie quotidienne, de l'enseignement, de la sécurité des citoyens, d'un véritable *travail de culture*, toujours à reprendre mais aujourd'hui réquisitionné par une nébuleuse qu'Orwell appelait déjà « fascifiste », d'identitaristes tyranniques, décoloniaux, néo-féministes, racialistes « antiracistes », wokistes-me-tooïstes fluides... Idiots utiles soutenant le Hamas et défilant avec lui, formatés dans un certain milieu médiatico-universitaire. Le pouvoir algérien, de nouveau humilié par la défaite arabo-musulmane, est chroniquement fixé dans son obsession antijuive qui lui sert d'existant, alors qu'il croyait enfin, depuis le sinistre massacre à visée génocidaire du 7 octobre 2023, à la réalisation de la « solution finale », à la destruction d'Israël, objet d'une haine obsessionnelle qui vaudrait comme identité pleine (mais alors mortifère et mortifiée). Ce pouvoir compulsif est redevenu une baudruche quand il a provoqué cyniquement la France qui venait, *a contrario*, de reconnaître les droits du Maroc sur un territoire du Sahara.

Mais il est aussi vrai que le politique, cannibalisé par le Quai d'Orsay qui n'en finit pas de s'halluciner en Lawrence d'Arabie, ainsi que la « bien-pensance » française, n'a cure de Boualem Sansal ou des otages en général, qu'ils soient israéliens ou même franco-israéliens ; derrière le minimum « en même temps », « ils l'ont bien cherché », « il y a des raisons et une histoire antérieure » se trouve le pervers paradigmatique : « Je sais, mais quand même. » On ne nomme pas le Hezbollah, on n'évoque pas les dizaines de milliers de déplacés du Sud et du Nord d'Israël, on dénie les réquisitions des « biens humanitaires » par le Hamas et son utilisation cynique des hôpitaux, écoles, administrations internationales à des fins terroristes et de sa propre population civile comme bombes et boucliers humains. Cette idéologie rance et criminelle, traitant dans la même logique les uns de coupables d'apartheid, d'épuration ethnique et de génocide, et Boualem Sansal d'islamophobe et d'extrémiste de droite, trouve des relais en France, et pas seulement chez les patentés extrémistes et islamogauchistes. Le plus grave, c'est bien sûr de constater que toute une jeunesse, en mal d'identifications autrement inspirantes, est nourrie de ces dénis du réel, de ces lâchetés rationalisées, et attirée par les figures totalitaires.

L'« affaire Boualem Sansal », au-delà de l'émotion, de réminiscences tragiques, comme l'affaire Dreyfus, la Collaboration, l'oubli des soldats français tués à Beyrouth par les *proxis* des Iraniens, doit être abordée comme un symptôme qui condense divers enjeux, de la relation entre la France et l'Algérie, et participe de postures politiques et idéologiques spécifiques à chacun, intriquant situation intérieure et relations internationales.

Ainsi, quelle que soit l'issue personnelle, en espérant au plus profond de nous la libération de notre ami, au plus vite, une réflexion collective s'impose à propos de ce symptôme d'une clinique du contemporain, dont il convient de discerner les signes, les signaux, les symboles, d'analyser les divers aspects, idéologiques, éthiques, diplomatiques, juridiques, politiques, en les rassemblant en une psychopathologie fondamentale, comme c'est mon ambition depuis une quinzaine d'années avec Schibboleth — *Actualité de Freud.*

À Boualem, notre ami, avec admiration, gratitude et affection.

***Michel Gad Wolkowicz** est psychanalyste, professeur de psychopathologie – Paris Sud Orsay,* visiting professor *à Tel Aviv (IL), Glasgow (UK), et président de Schibboleth — Actualité de Freud. Il a notamment dirigé en 2018* Le Nouvel Antisémitisme en France *aux éditions Albin Michel et, en 2023, avec le grand rabbin de France Haïm Korsia et Guy Bensoussan,* L'Invisible de la rue Vaucouleurs. Sarah Halimi, femme juive assassinée en 2017, *aux éditions David Reinharc.*

INTRODUCTION

Sansal, ce visage si français

Bruno Retailleau

Voilà plus de trois mois que Boualem Sansal est emprisonné, et nous refusons de regarder ailleurs. Nous refusons de détourner les yeux du sort qui est aujourd'hui réservé à un homme âgé et malade, dont la seule faute est d'être un esprit libre. Libre, il le demeure derrière les barreaux de sa prison à travers lesquels nous, Français, lui tenons la main.

Car ne nous y trompons pas : en réduisant au silence l'un des nôtres, c'est une part de nous-mêmes que ses geôliers cherchent à réduire à néant. Cette part lumineuse que dessine notre sentiment d'appartenance à une nation qui s'offre à tous ceux qui veulent bien l'aimer, d'où qu'ils viennent, pourvu qu'ils se reconnaissent en elle.

Boualem Sansal n'est pas né sur notre sol, mais il s'est reconnu dans notre langue. La France est devenue sa patrie d'adoption parce qu'elle a toujours été sa patrie littéraire. « Un peuple qui perd sa langue perd son âme », nous avertissait-il lors de la parution de son dernier essai, *Le français, parlons-en !*, publié seulement quelques semaines avant son emprisonnement. L'âme de la France est contenue dans sa langue : appauvrir la seconde, c'est rétrécir la première. Et Boualem Sansal ne s'est jamais résigné à une France en petit. À une France qui oublierait que sa langue est celle « de la puissance, de la liberté, de la beauté, de la connaissance, de la diplomatie, de la séduction, de l'art de vivre dans la légèreté ». À une France qui abandonnerait cette promesse de liberté et d'universalisme que portent l'intelligence et l'impertinence, quand elles sont nichées au cœur des mots. À une France qui trahirait le patrimoine moral transmis par tous ceux qui, de Zola à Malraux, de Péguy à de Gaulle, ont fait de notre langue l'arme sublime de toutes nos résistances.

Résister par les mots à toutes les faussetés, à toutes les lâchetés : ce combat français, Boualem Sansal l'a porté jusqu'à l'incandescence, armé d'une plume de feu. Ce combat lui a souvent valu d'être envoyé au bûcher de la bien-pensance. Et lui vaut aujourd'hui d'être embastillé pour crime de lèse-repentance. Car Boualem Sansal est l'otage d'un chantage qu'il a toujours dénoncé. Celui qu'exercent, sur notre pays, les autorités algériennes. Au nom d'une rente mémorielle qu'elles n'en finissent plus d'exploiter, d'une histoire douloureuse qu'elles ne cessent de tordre. Autant qu'elles piétinent le droit international, en refusant de reprendre ces ressortissants algériens frappés d'une mesure d'éloignement.

Aucune douleur du passé ne donne au pouvoir algérien le droit d'offenser la France et d'envoyer au cachot un écrivain français. De notre fermeté dépend sa liberté. Être ferme, dans tous les domaines, par tous les moyens, en activant tous les leviers. Y compris le levier migratoire. Pour qu'enfin notre patrie soit respectée, et pour qu'enfin notre compatriote soit libéré. Cette fermeté est la seule voie possible pour être à la hauteur de nos valeurs, et le seul choix conforme à notre honneur, celui de la France.

Mais c'est aussi le seul chemin pour un avenir commun entre nos deux nations. Le respect mutuel ne peut naître du ressentiment perpétuel. Car les gratteurs de plaies sont des semeurs de haines. La relation entre la France et l'Algérie a incontestablement été douloureuse, mais elle l'a été pour nos deux pays. Elle fut aussi tissée dans la trame des affections sincères et des progrès collectifs. Je veux croire qu'ils peuvent encore lier la France et l'Algérie autour d'une histoire partagée et d'une mémoire apaisée. Car ce chemin commun existe et Boualem Sansal l'a emprunté, lui en qui se conjugue le meilleur des deux rives de la Méditerranée.

Mais parce que l'unité ne peut s'établir sur les sables du déni, jamais il n'a transigé avec la vérité : toujours, il a trempé sa prose dans le fleuve du réel, modelé sa fiction dans l'argile des faits. Pour réveiller les consciences et les intelligences. Parce qu'il a toujours su, avec Hannah Arendt, que c'est dans le vide de la pensée que s'inscrit le mal. Boualem Sansal avait compris les ressorts profonds du malheur français. Celui qui étreint un pays dont il a dit avec justesse qu'il souffre de lui-même, « qu'il ne se connaît plus, qu'il ne se reconnaît plus, ce qui est bien la pire des maladies ». Parce qu'il a toujours su la valeur des conquêtes de notre nation, Boualem Sansal nous exhorte depuis des années à nous réconcilier avec nous-mêmes, à nous retrouver nous-mêmes. Combien l'ont entendu, durant ces années ? Quand il nous alertait sur les dangers de l'islamisme qui prospérait sur nos faiblesses et notre mauvaise conscience ? Quand il nous appelait à entendre les « colères existentielles » du peuple de France ? Quand il nous pressait de sortir de notre torpeur et de retrouver l'ardeur française qui nous a permis de conquérir tant de libertés : la liberté d'opinion, la liberté d'expression, la liberté de conscience ? Trop peu. Et pourtant il continuait, inlassablement, courageusement. Bernanos écrivait : « L'espérance est une détermination héroïque de l'âme et sa plus haute forme est le désespoir surmonté. » Boualem Sansal continuait parce qu'il avait toujours foi en la France, cette foi qui avait toujours raison de son désespoir.

Il nous revient aujourd'hui d'être dignes de cette confiance qu'il avait placée en notre pays. C'est ce que nous faisons à travers cet ouvrage collectif. Chaque contributeur fait honneur aux vertus que cet écrivain génial persiste à voir en notre nation. Car si tous, au-delà de nos parcours, par-delà nos sensibilités, nous avons pris la plume pour Boualem Sansal, c'est au nom de la sienne, pour que le mot *liberté* ait encore un sens, et toujours une patrie : la nôtre.

« Il y a un pacte vingt fois séculaire entre la grandeur de la France et la liberté du monde », rappelait Charles de Gaulle. Ce pacte français, certains l'ont trahi. C'est la trahison silencieuse des professionnels de l'indignation, toujours si prompts à dénoncer les atteintes supposées à l'État de droit, mais qui pourtant ne s'indignent pas devant la plus arbitraire des détentions, parce que le détenu ne satisfait pas aux canons de leurs opinions. Choisir la liberté, ce n'est pas choisir ses combats. C'est aussi la trahison ignominieuse des petits télégraphistes des geôliers de Boualem Sansal qui, à l'extrême gauche, en viennent à justifier l'injustifiable. Qu'importe pour eux l'injustice, si elle s'abat sur ceux ayant commis le crime d'être trop libres, trop vrais, et de trop aimer la France. Pour eux, Sansal est coupable, comme Soljenitsyne et Sakharov l'étaient avant lui. Ces nouveaux Robespierre auraient même enfermé Voltaire. L'histoire les jugera sévèrement.

Mais elle retiendra également que, dans tout le pays, il se sera trouvé des milliers de courageux pour défendre les principes qui nous ont faits. Elle retiendra surtout qu'en notre temps, ces principes avaient un visage, celui de Boualem Sansal. Un visage français dont, n'en doutons pas, le regard et l'espoir se tournent aujourd'hui vers la France, c'est-à-dire vers nous, qui sommes les siens.

***Bruno Retailleau** est ministre d'État, ministre de l'Intérieur.*

Un « vieux fou » face aux bourreaux de la pensée

Mohamed Sifaoui

Il est des voix qui dérangent les satrapes capricieux, des plumes qui lacèrent le voile du mensonge, des esprits indociles que l'histoire inscrit dans la lignée des réprouvés.

Boualem Sansal compte parmi ces consciences, rares, dont la seule existence incommode les tyrans.

Je l'ai rencontré la première fois à l'été 1999, alors qu'il était encore haut fonctionnaire, inconnu dans le paysage littéraire, sur le point de publier *Le Serment des barbares*, roman qui, bientôt, révélerait sa plume affûtée au grand public. À cette époque, j'étais moi-même pris en étau entre la menace islamiste, portée haut et fort par les émules du GIA, et un régime (déjà) rompu à la répression et au harcèlement. Quand je compris qu'il ne me restait guère d'options entre la mort et l'emprisonnement arbitraire, je pris la décision de quitter l'Algérie définitivement pour m'établir en France. Presque vingt-six ans se sont écoulés depuis.

Boualem et moi avions trois points de convergence : d'abord, une aversion viscérale pour l'islamisme ; ensuite, un rejet total du système de gouvernance qui nous asphyxiait ; enfin, une adhésion commune à l'universalisme et à l'humanisme. Nous partagions surtout un attrait pour la France et ses principes républicains, qu'on espérait alors encore assez solides pour protéger la liberté contre les desseins funestes de l'obscurantisme et de la dictature.

Depuis, nous nous sommes croisés de temps à autre à Paris ou ailleurs, afin d'échanger au sujet de nos préoccupations communes. À vrai dire, il était plus inquiet pour la France que pour l'Algérie, comme si le sort de ce pays qui nous a vus naître était définitivement scellé à cause de cette volonté autodestructrice qui caractérise le pouvoir d'Alger.

Le 2 novembre 2024, nous étions attablés à Valence, dans la Drôme, en marge d'un salon du livre qui nous avait rassemblés. Deux jours durant, nos échanges furent des bribes volées entre conférences et dédicaces. Comme mû par un pressentiment, je le mis en garde : je le trouvais inconscient de repartir en Algérie aussi régulièrement. « Ils me prennent pour un vieux fou ! », répétait-il, mi-amusé, mi-fataliste. Nous nous sommes alors promis de nous revoir à Paris, après qu'il aurait bouclé ce nouveau séjour dans ce pays dont il espérait encore conjurer les démons.

Le 16 novembre 2024, dans l'étouffante nuit d'un régime obsédé par la chasse aux consciences, il a été arrêté, dès son arrivée à l'aéroport d'Alger, accusé d'attenter à « l'intégrité du territoire national ». Son crime ? Avoir clamé ce que l'histoire refuse d'enfouir : que l'Algérie, enfermée dans des frontières léguées par le système colonial, n'est pas un monolithe immuable ni une entité figée, que la mémoire doit être interrogée, que l'esprit critique est l'arme dont se dotent les peuples libres. Et qu'un pays qui se prétend « grand » ne saurait souffrir d'une opinion dont il est dit *a fortiori* qu'elle serait « approximative », voire « totalement erronée ».

Boualem a avancé des idées. Je ne partage pas certaines d'entre elles. Il a eu l'ouverture d'esprit de répondre aux questions d'un parangon de l'extrême droite. Je ne l'aurais pas fait. Mais toutes ces questions deviennent tellement futiles, aujourd'hui. J'aurais aimé en débattre avec lui autour d'une bonne bouteille de vin rouge pour exprimer mes désaccords. Mais en définitive, en décidant de l'embastiller, le régime algérien prouve, malgré lui probablement, que ce « vieux fou » a bel et bien effleuré une part de vérité. Ce que ces autocrates ne sauraient tolérer.

Le tragique, en Algérie, c'est ce régime qui, flanqué de sa camarilla islamiste, interdit toute velléité d'examen critique. Sous ce verrou, l'histoire, comme la géographie, demeure un dogme inattaquable, la religion un sanctuaire qu'on ne saurait profaner, même par un simple questionnement, et l'identité nationale se trouve ravalée au rang d'une simple coquille vide. Une posture folklorique érigée exclusivement autour de l'arabité et de l'islamité. Dès 1962, cette indépendance algérienne fut totalement confisquée, mise sous scellés. En très haut lieu, non pas chez un quelconque divin, mais visiblement bien au-delà, dans ces bureaux où est détenu le pouvoir réel, on a imposé à cette société méditerranéenne, berbère, multiple et métissée, des doctrines moyenâgeuses, un mode de pensée archaïque et une inculture crasse importés des *madrassas* [écoles d'endoctrinement religieux] situées aux confins de la lointaine Arabie. Le peuple algérien a globalement accepté, sans broncher, qu'on lui impose des « valeurs » autres que les siennes, plaquées de force comme un greffon grotesque et disgracieux cousu de travers. Sans jamais tolérer le moindre doute, la moindre nuance ou l'ombre d'une objection, le régime s'est appliqué à suivre à la lettre un projet d'abrutissement des masses pour mieux les contrôler et refuser toute émancipation citoyenne.

Dans l'arrestation arbitraire de Boualem Sansal se lit l'essence même du pouvoir algérien : un État autocrate, viscéralement hostile à la dissidence, où la prison devient la seule réponse aux idées et où l'instrumentalisation du nationalisme sert de muselière à tout esprit critique. En cet acte de répression, une évidence est éclatante : ce n'est pas seulement l'homme que l'on emprisonne, c'est le verbe, la liberté, le droit de penser autrement. Malheureusement, beaucoup de ses concitoyens algériens, manipulés par un régime retors et une presse aux ordres, ne se rendent même plus compte que ce sont eux tous qui subissent, sans s'en apercevoir souvent, l'emprisonnement dont est victime Boualem Sansal.

L'Algérie a voulu accéder à son indépendance, ce fut une très bonne chose !

Ce qui l'est beaucoup moins, c'est que ce régime s'est employé, par la suite, dès 1962, à coloniser la pensée de chaque être vivant sur cette terre.

UN RÉGIME EN GUERRE CONTRE LES LIBERTÉS

Il n'y a pas de tyrannie sans le silence des opprimés. Depuis son accession au pouvoir en 2019, Abdelmadjid Tebboune a parachevé l'édifice d'un système militaire érigé en État policier où toute parole dissonante est systématiquement criminalisée. L'institution qui surveille et interpelle, le plus souvent, les intellectuels, est dénommée « DGSI », Direction générale de la Sécurité intérieure. Cette structure est censée traquer les djihadistes, surveiller les islamistes, détecter les espions des pays hostiles, enquêter sur la grande criminalité ou encore préserver la sécurité nationale. Or, c'est celle-là même qui persécute les démocrates, et ce sont les sbires de cette police politique qui ont arrêté Boualem Sansal. Le service qui lutte contre le terrorisme est donc celui qui met en prison les esprits libres ! Tout un symbole dans un pays où les attributs de la souveraineté sont entre les mains d'une clique qui use de tous les moyens, surtout illégaux, pour garder le pouvoir et ses privilèges, en dehors de toute légitimité démocratique, afin de continuer à capter la rente des hydrocarbures et à la répartir selon une logique clientéliste, sans oublier d'acheter au passage, en utilisant quelques miettes, la paix sociale, pour que les gueux – qui doivent manger à leur faim – oublient de se révolter contre le régime, seul coupable des malheurs qui les incitent à préférer s'embarquer dans des chaloupes de fortune, espérant gagner clandestinement les côtes européennes pour échapper à leur triste condition.

L'Algérie n'est plus seulement un pays sous tension, elle est une terre où la pensée est traquée, où les journalistes sont incarcérés, où les opposants disparaissent dans l'ombre carcérale du régime. L'espace public, naguère vibrant sous la clameur du Hirak, un mouvement au départ sympathique qui aspirait au changement pacifique, mais qui fut, ensuite, largement manipulé par le régime, s'est mué en un vaste terrain de surveillance et de peur.

En Algérie, les choses sont très simples : le citoyen a le choix entre se taire et rester, parler et s'exiler ou s'exprimer et mourir. Beaucoup, par facilité, choisissent la première voie, en ignorant qu'ils sont en vérité déjà morts. Oui, parce que ce régime a brimé les consciences, il a bridé la parole et il a brisé toutes les énergies. Dans ce pays, tout est superficiel, sauf la dictature qui, elle, est bien naturelle, réelle, palpable, impitoyable.

La répression à laquelle nous assistons et que nous dénonçons aujourd'hui s'inscrit dans une longue tradition d'étouffement des voix dissidentes. Comme Kateb Yacine avant lui, qui dénonçait déjà la censure et cette colonisation intérieure, comme Mohamed Benchicou, dont la plume a été brisée par l'emprisonnement, comme Saïd Sadi, contraint de vivre désormais en exil, pour ne pas s'exposer à l'arbitraire et à l'humiliation, Boualem Sansal est la cible d'un pouvoir qui craint, plus que tout, la lucidité des intellectuels. Un pouvoir où l'histoire, loin d'être un objet de réflexion, est un dogme sacré qu'aucun esprit libre ne peut remettre en question sans risquer l'exil ou les geôles. L'un des enjeux autour de ce fait du prince vise à envoyer un message à tous les Algériens qui veulent user de leurs droits et de leur citoyenneté. En cassant cette parole, le régime cherche, en vérité, à briser toutes les expressions, à uniformiser la pensée sur tous les sujets, l'objectif étant de garder une société monolithique qui sait ressasser le discours islamo-nationaliste où la haine de la France, notamment, est reçue en majesté.

Récemment encore, un programme télévisé d'une chaîne algérienne a attiré mon attention. Et pour cause ! On aurait pu croire à une mauvaise farce : une « citoyenne modèle », ensevelie sous un voile intégral, s'y inquiétait publiquement de savoir si elle pouvait dénoncer à la police quiconque oserait avaler quoi que ce soit en plein ramadan. *Vade retro* Satanas ! Le responsable invité sur le plateau s'empressa de la rassurer : surtout, ne pas poster la photo du sacrilège sur les réseaux sociaux, mais bien capturer l'image comme preuve à transmettre aux services de police.

Ainsi, dans cette Algérie, le pouvoir cultive l'Inquisition et la délation avec un zèle qui ferait pâlir plus d'un taliban ou d'un ayatollah.

Sous couvert de moralité et de ferveur religieuse, le régime orchestre une traque minutieuse des « pécheurs » et, ce faisant, brandit un dogmatisme où la tolérance se voit étouffée dans l'œuf, crucifiée sur l'autel du conformisme. Et si ce n'était que du conformisme ! Plutôt de la vulgaire bigoterie exprimée, de façon ostentatoire, par cette partie islamiste de la société, totalement abrutie par le système, sans repères, qui n'a ni gardé ses véritables référents culturels, ni préservé son identité algérienne.

SUR FOND DE TENSIONS DIPLOMATIQUES

Le 30 juillet 2024, Emmanuel Macron provoque la fureur du régime. Comment ? Les Algériens, qui aiment rappeler qu'ils sont jaloux de leur souveraineté, ne respectent pas toujours celle des autres. De ce point de vue, il est clair que Tebboune a vite fait d'oublier que la diplomatie d'un État est gérée en fonction des intérêts de celui-ci et à partir de cette même souveraineté. Or, ce qui a mis le feu aux poudres algériennes, c'est cette phrase contenue dans une lettre adressée par le président français au souverain marocain Mohammed VI : « Le présent et l'avenir du Sahara occidental s'inscrivent dans le cadre de la souveraineté marocaine. » Face à cet « affront diplomatique » – c'est ainsi que la chose est perçue –, Alger opte pour l'arme du ressentiment : le rappel de son ambassadeur, des diatribes enflammées contre Paris et, surtout, un raidissement idéologique où l'ennemi ainsi désigné sert de prétexte à une répression accrue. Haro sur le baudet ! Entre la propagande mensongère – exprimée y compris par les télégraphistes officiels du régime – et les manœuvres vexatoires, tout est bon pour ériger la France en ennemie éternelle, en expliquant même à une opinion algérienne souvent crédule que l'ancienne puissance coloniale chercherait à perpétrer des attentats en Algérie et à déstabiliser le pays. Pour le régime, il y a une règle : quand on déteste, on ne compte pas. On n'est pas à un mensonge près.

Boualem Sansal, par son double ancrage français et algérien, par sa pensée affranchie des carcans nationalistes, par son engagement contre l'islam politique, par sa dénonciation de l'antisémitisme, est devenu une cible idéale. Lui qui, quelques jours avant son arrestation, rappelait que le découpage territorial issu du colonialisme méritait d'être questionné, a été immédiatement désigné comme un « agent de déstabilisation ». Un « espion », semble-t-il. Et puisque la finesse n'est pas une vertu chez Tebboune, son agence de presse officielle a publié une dépêche pour parler, sur un ton complotiste aux relents antisémites, d'« une France macronito-sioniste qui s'offusque de l'arrestation de Sansal ».

La machine à broyer la dissidence s'est alors mise en marche : accusations d'atteinte à la souveraineté, rumeurs orchestrées sur une prétendue « mission commandée » et, enfin, brutalité d'un État qui, faute de pouvoir convaincre, choisit d'écraser. Dans cette frénésie répressive, un mot d'ordre : agiter le spectre du complot pour mieux faire taire la critique. Il ne s'agit pas seulement de sanctionner un écrivain, mais de signifier à tous ceux qui voudraient s'écarter de la ligne officielle que nul ne peut impunément questionner les mythes fondateurs de la nation algérienne.

Mais à la vérité, Tebboune et sa clique ont besoin, plus que jamais, d'allumer des contre-feux. Celui qui collectionne désormais les revers diplomatiques, ce président algérien sans envergure, hissé aux plus hautes fonctions par un mauvais alignement des planètes et par la volonté d'un galonné rustre et totalement abruti, porte un costume trop grand pour lui car il pense qu'un État se gère de la même manière qu'une sous-préfecture située en plein Sahara algérien.

CONTRADICTIONS INTERNES

Ce que le régime de Tebboune s'obstine à ne pas admettre, c'est que Boualem Sansal n'est pas seulement un écrivain : il est devenu ce miroir que le pouvoir algérien ne peut supporter car il lui renvoie l'image crue et cruelle de sa propre laideur. Sansal, c'est l'infatigable guetteur qui, depuis trois décennies, ausculte cette Algérie étouffée par ses tabous, à l'image d'une grande partie du « monde arabo-musulman », emmurée dans sa rhétorique d'exclusion et d'anathème. Son combat contre l'islamisme et l'autoritarisme l'a vite désigné à la vindicte d'un régime – et celle de sa clientèle – qui ne pardonne pas le courage, surtout quand celui-ci met en lumière ses accointances malsaines avec l'obscurantisme. On pourrait se pencher davantage, lorsque le moment sera venu, sur ces relations qu'entretient le régime algérien avec le pouvoir des mollahs iraniens, ou encore sur ce fil à la patte qu'a l'autocrate Tebboune avec le non moins autocrate turc Erdogan, dont il est la pâle copie.

Boualem Sansal est cet homme qui a, tout simplement, pris la courageuse décision de refuser de s'agenouiller et de regarder, impuissant, l'Algérie sombrer dans l'aveuglement identitaire, la compromission, la corruption et la censure.

Être femmes et hommes libres, c'est d'abord avoir le droit de dire ses vérités, de proférer des outrances, de susciter la controverse ou la colère. C'est avoir la marge d'erreur nécessaire pour être contredit, et la liberté de déconstruire les bêtises de nos opposants, tout comme ils ont la liberté de démanteler les nôtres. Sans ce frottement des idées, nous ne sommes plus que des ombres soumises, dépossédées de toute pensée vivante. C'est précisément contre cette mise sous tutelle que Boualem Sansal s'insurge, rappelant à qui veut l'entendre – et surtout à qui ne veut pas – que la liberté de débattre, de se tromper et de provoquer est le poumon même d'une société qui aspire à respirer. Or, si cette Algérie indépendante – oui, rappelons-le, indépendante depuis 1962 – ne respire pas, ce n'est guère à cause du colonialisme, mais parce qu'elle est sous le joug d'un système de gouvernance anti-démocratique, ultranationaliste, démagogique, populiste, islamiste et, de surcroît, corrompu et corrupteur, qui l'empêche de déployer ses énergies, sinon les plus négatives.

L'arrestation de Boualem Sansal marque une escalade : il ne s'agit plus seulement de marginaliser, d'exclure du débat public, mais bien d'effacer, de faire taire définitivement. Pourtant, ceux qui l'ont enfermé oublient cette vérité essentielle : les geôles ne retiennent que les corps, jamais les idées. J'en donne pour preuve ce livre collectif, toutes ces contributions comme autant de rappels pour dire que sa voix s'exprime désormais à travers chacun de nous, au-delà des frontières de l'Algérie, à travers la voix de chaque démocrate.

Son arrestation n'a pas étouffé sa voix, elle l'a amplifiée. Face à la vague d'indignation, le régime algérien s'enfonce dans l'isolement. Il est nu. Son acharnement contre la liberté d'expression, son incapacité à exister autrement que par la coercition, expose devant les opinions publiques sa réalité. Mais l'histoire nous enseigne que nul pouvoir ne peut indéfiniment museler la parole. Les Algériens – et surtout les démocrates – ont été dépossédés de leur pays ; ils doivent rappeler, avec le soutien de la communauté internationale, qu'ils ne laisseront pas ce régime les déposséder de leurs mots et de leur conscience.

Mais au-delà de tout, cette arrestation témoigne surtout du zèle fébrile déployé par le nouveau maître du régime algérien. Car sur la scène diplomatique, il a tout raté : manque de sérieux, incohérences à répétition, roublardise qui le pousse à jouer un double jeu, surtout lorsqu'il est question de la France. Mielleux, en apparence courtois lors de fastueux dîners officiels, il a toutefois laissé ses hommes liges déverser, sur un ton primaire, tels des roquets excités, tous crocs dehors, un discours violemment anti-français, sans se priver de manipuler à sa guise les questions mémorielles.

Abdelmadjid Tebboune n'avait pas prévu qu'Emmanuel Macron, excédé par ces volte-face, finirait par défendre les intérêts de son pays en optant pour un partenaire stratégique autrement plus fiable : le Maroc. Alors, il ne restait plus qu'à chercher un coupable tout désigné. Et dans cette chasse aux boucs émissaires, le « vieux fou » fut livré à la curée, ultime diversion d'un régime qui s'entête à masquer son échec en persécutant les esprits libres.

Tebboune doit désormais sauver les apparences. Il le fait avec zèle. Il n'oublie pas que son destin est suspendu au jugement d'une armée qui, rappelons-le, a parrainé son accession au pouvoir et qui pourrait le dégager en y mettant les formes, comme elle sait le faire. Car si elle lui octroie une latitude étonnamment large – plus importante, sans doute, que celle laissée à beaucoup de ses prédécesseurs –, c'est elle, détentrice du pouvoir réel, ancrée dans l'État profond, qui conserve le double des clés du palais d'El Mouradia (siège de la présidence algérienne). Au cas où, à ses yeux, le locataire se montrerait défaillant. Or, dans les hautes sphères militaires, certains galonnés commencent, semble-t-il, à constater qu'ils ont nommé « chef de classe » le premier des cancres ! Il est évident qu'aucun cacique ne peut clamer sérieusement que « c'est le meilleur d'entre nous » en désignant ce chef d'un régime en perdition. Le moins que l'on puisse dire, c'est que Tebboune fait piètre figure et que, à cause de lui, la diplomatie algérienne fait peine à voir.

UN RÉGIME AUX ABOIS

La répression a ceci de paradoxal qu'elle dévoile la peur d'un pouvoir en carton-pâte. Celui d'Alger, tout gonflé d'orgueil, boursouflé de certitudes, pense qu'en exhibant ses muscles il fera taire ceux qui le méprisent pour ce qu'il est : une dictature. Pourtant, rien n'est plus fragile qu'un régime bâti sur l'intimidation : Saddam Hussein, Bachar Al-Assad ou Kadhafi, hier encore, se croyaient invincibles. L'histoire, depuis, ne leur a offert qu'une humiliante sortie : celle des fossoyeurs de leur propre pays, le menant à leur perte sous prétexte de toute-puissance.

Aujourd'hui, le régime algérien se prend pour un lion rugissant, mais il n'est qu'un tout petit termite qui ne cesse de ronger les fondements de la culture algérienne, les valeurs de ce pays et de son peuple en ruinant son économie, son école, ses terres agricoles, ses ressources. En Algérie, il n'y a que l'illusion qui fonctionne encore. Tel un mirage, elle fait croire à ceux qui sont sensibles aux discours populistes que ce « pays est grand ». Il l'aurait été s'il n'était pas entre les mains d'un régime aussi petit. Il faut le marteler : ses forces armées, ses services de renseignement, ses institutions sont gangrenées par la corruption, la médiocrité, la mauvaise gouvernance et le populisme. Un pouvoir dévoyé qui, au lieu de faire fleurir un pays magnifique, en a fait un champ de ruines dans tous les domaines. C'est comme si l'on confiait la garde du château de Versailles à des boucaniers sans culture ni éthique, sortis tout droit du Moyen Âge.

Boualem Sansal n'est pas de ceux qu'on relègue dans l'oubli. Même bâillonnée, sa voix continuera de résonner. Même proscrits, ses livres passeront de main en main pour être lus. Son nom, qu'on siffle à voix basse, restera gravé dans la mémoire des Algériens libres et de tous ceux qui refusent la soumission.

Tebboune et son régime veulent brûler la pensée ; ils ignorent que le feu qu'ils allument finira par les consumer. L'histoire est une grande dame, patiente et implacable. Elle saura transformer, tôt ou tard, les geôliers du présent en fantômes de demain, condamnés à hanter tous ceux qui rêveraient de jouer aux apprentis dictateurs aux dépens du respect dû à leur peuple.

***Mohamed Sifaoui**, journaliste et écrivain, est un spécialiste de l'islam politique, du monde arabo-musulman et des mouvements terroristes. Ami de Boualem Sansal et lui-même originaire d'Algérie, il a dénoncé le régime algérien dans plusieurs de ses ouvrages. Le plus récent,* Où va l'Algérie ?, *publié aux Éditions du Cerf, revient sur les mêmes maux.*
En 2024, il a publié Hamas, plongée au cœur du groupe terroriste *aux éditions du Rocher. Son prochain livre, à paraître en avril 2025 chez le même éditeur, est une enquête sur les réseaux du Hezbollah libanais.*
En septembre 2025, à l'occasion du 120e anniversaire de la loi de 1905, il publiera un essai « coup de poing » aux éditions David Reinharc, intitulé Musulmans, osez la laïcité !

Ne laissons pas tomber Boualem Sansal !

Xavier Driencourt[1]

J'ai eu le privilège de connaître Boualem Sansal, de le voir régulièrement depuis quinze ans, d'échanger souvent avec lui. La première fois, c'était en 2008, à l'Institut français d'Alger, alors appelé Centre culturel français, où il venait expliquer son œuvre littéraire. La dernière fois, c'était, hélas, le 15 novembre 2024, alors qu'il s'apprêtait, le lendemain, à rentrer à Alger. « Mais, disait-il face à mes interrogations, je reviens dans quinze jours, après Noël, puisque je lui avais trouvé deux maisons à visiter où il comptait s'installer. Boumerdès, l'Algérie sont devenues irrespirables actuellement, poursuivait-il. Je vis chez moi (à Boumerdès, l'ancien Rocher noir, siège du dernier gouvernement français, présidé par Christian Fouchet en 1962), je ne sors pas, je ne vois personne.»

Entre ces deux dates, 2008 et 2024, nous nous sommes vus de nombreuses fois, dans des colloques, en tête-à-tête, à déjeuner. De sa voix basse, presque inaudible, chaque fois il expliquait avec force la folie qui s'était emparée du pouvoir algérien, une folie totale, et il mettait en garde la France et les Français contre leur aveuglement vis-à-vis de l'Algérie et de l'islam.

En 2017, lorsque je fus nommé pour la seconde fois ambassadeur à Alger, j'invitai Boualem Sansal avec Kamel Daoud et d'autres écrivains et journalistes, une vingtaine au total, autour du président

1. Texte initialement publié le 9 janvier 2025 dans *Le Spectacle du monde*.

de la République avec Jean-Yves le Drian, son ministre des Affaires étrangères d'alors. Je me souviens avoir dû faire face aux remontrances – déjà – des autorités algériennes pour n'avoir invité, avec le chef de l'État français, que des « opposants » au pouvoir algérien : intellectuels, journalistes, hommes d'affaires, tous « frondeurs », ou carrément opposants, face à un Bouteflika en fin de règne. Et là, à table, dehors, face à la baie d'Alger, Boualem avait déjà mis en garde le président sur les dangers de l'islam, sur la rouerie du pouvoir algérien, sur la naïveté française, et avait conclu : « Autour de cette table, Monsieur le Président, vous avez des gens qui défendent la France, qui écrivent et pensent en français, qui croient en vous ; ne nous laissez pas tomber. »

Aujourd'hui, c'est à notre tour de répondre à cette demande : ne laissons pas tomber Boualem Sansal, ne laissons pas tomber ces écrivains qui refusent d'encenser le pouvoir algérien, ne laissons pas tomber ces intellectuels qui défendent, outre-Méditerranée, notre langue et notre culture. Leur combat est le nôtre et leur prison, si nous n'y prenons garde, sera la nôtre.

En arrêtant Boualem Sansal, en l'incarcérant, Alger prend trois otages et envoie trois messages. Le premier otage est évidemment l'écrivain franco-algérien Boualem Sansal, qui avait le tort d'écrire en français, de mépriser la langue arabe, de publier en France et, injure suprême, d'avoir obtenu la nationalité française il y a quelques mois. Otage, il l'est en restant prisonnier, en attente d'un procès (quand viendra-t-il, tant le nombre d'Algériens en détention provisoire dans l'attente d'un jugement est élevé ?). Otage, il ne peut évidemment s'exprimer, critiquer et voyager. Condamné à la prison, il est condamné au silence.

Le deuxième otage, c'est le président de la République : otage de la relation franco-algérienne qu'il a lui-même voulu créer en ignorant les « fondamentaux » de cette relation, et en faisant fi du caractère irrationnel du « système » algérien. Le président Macron s'est cru plus fort que ses prédécesseurs et a naïvement pensé que lui pourrait réussir là où de Gaulle, François Mitterrand, Jacques Chirac, pour ne citer qu'eux, avaient échoué. Lui, il réussirait à faire avec Alger un nouveau traité de l'Élysée, qui aurait été le « traité d'Amboise », là où l'émir Abdelkader fut gardé prisonnier cinq ans entre 1848 et 1852, traité d'Amboise qui serait à Emmanuel Macron ce que fut pour Charles de Gaulle le traité de l'Élysée avec l'Allemagne. Mais Macron n'est pas de Gaulle, et Tebboune n'est pas Adenauer !

En outre, que cherche Alger dans ce combat ? Quels sont ses « buts de guerre » ? Il est improbable que la France, après avoir proclamé solennellement la reconnaissance du Sahara marocain, fasse aujourd'hui marche arrière. Le combat pour Alger est perdu d'avance. Ce que cherche probablement Alger, c'est une forme de « compensation » politique : de la reconnaissance, davantage de visas, l'assurance aussi et surtout que la France fera taire les critiques contre le régime algérien, critiques d'une partie de la classe politique (« les nostalgiques de la France coloniale », comme on dit à Alger), critiques des intellectuels algériens réfugiés en France ; Alger veut étouffer la voix de ceux qui osent rappeler la faillite de ce système et de ce pays, pourtant indépendant depuis soixante-deux ans.

Enfin, les intellectuels algériens, les « élites » algériennes sont aussi des otages, les troisièmes, de cette arrestation : avec l'arrestation d'un intellectuel comme Boualem Sansal, Alger envoie un message aux « élites » francophones et francophiles du pays : « Vous voyez, cela ne sert à rien de chercher et d'obtenir la nationalité française, en Algérie vous êtes citoyens algériens et êtes sous notre loi, Paris ne peut rien pour vous. »

Cette arrestation s'inscrit évidemment dans un long continuum de la dégradation de la relation franco-algérienne. Nous payons aujourd'hui, et Sansal le premier, la naïveté de notre politique à l'égard d'Alger depuis sept ans. Le président a cru que lui saurait faire, qu'il pourrait, lui, réparer ce que ses prédécesseurs avaient cassé, que les gestes, y compris les gestes « mémoriels », certes nécessaires, parviendraient à satisfaire des militaires assoiffés de revanche face à la France, alors qu'ils reprochaient à Bouteflika d'avoir été trop conciliant face à Paris. Cette dégradation des relations a évidemment trouvé son apogée en juillet dernier avec la reconnaissance par Paris de la « solution marocaine » au Sahara occidental ; puis ce fut le voyage, une visite d'État, à Rabat, et le discours devant le Parlement marocain. Enfin, l'attribution du prix Goncourt à Kamel Daoud, autre éminent écrivain francophone en rupture de ban avec le « système », constituait aux yeux d'Alger la preuve d'un complot « franco-macronito-sioniste » contre l'Algérie. Une « cinquième colonne », comme l'avait dit déjà publiquement Tebboune, était à l'œuvre pour abattre l'Algérie !

Cette logorrhée officielle n'a d'autre but que de cacher la triste réalité algérienne : cette réalité, c'est une économie délabrée, dépendante des hydrocarbures, un système politique corrompu, un pays que la jeunesse veut fuir, légalement ou illégalement, pour rejoindre un paradis imaginaire, l'Europe ou la France, que pourtant on ne cesse de critiquer à Alger. La réalité, c'est aussi un système politique qui réussit à faire réélire un président avec 95 % des voix le 7 septembre, puis 85 % la semaine suivante, après correction des chiffres, pour « faire plus démocratique » ; la réalité, c'est aussi un pays où les islamistes, progressivement, mais très fortement, prennent chaque jour un peu plus de pouvoir, avec l'accord et le soutien de l'armée qu'ils avaient combattue il y a vingt-cinq ans. Cette alliance tacite entre armée et islamistes a pour but d'éradiquer l'influence de la France et de faire de l'ancienne colonie un État militaro-religieux dont les alliés seront le Venezuela, l'Iran et la Russie. C'est cela, la réalité algérienne ; c'est cela que Boualem Sansal critiquait ; c'est ce discours que le pouvoir algérien ne veut pas entendre. Et c'est, hélas, celui auquel le gouvernement français, malgré tous les avertissements, reste sourd.

Pourtant, nous avons en France des leviers à utiliser face à l'Algérie : j'ai eu l'occasion de décrire dans les médias les moyens dont nous disposons face à un régime qui ne comprend que le rapport de force. Le rapport de force et non les amabilités et les câlins que prodigue Paris depuis longtemps. Mais tout se passe comme si, face à l'Algérie, nous étions tétanisés, inhibés, culpabilisés, envahis par les souvenirs et les remords de l'histoire, et donc incapables de concevoir une politique cohérente.

Boualem disait tout cela haut et fort ; Kamel Daoud l'écrit également et met en cause l'armée pour les crimes commis pendant la guerre civile, en faisant oublier la « glorieuse » guerre d'indépendance. C'est tout cela que Boualem Sansal disait, écrivait et proclamait. C'est cela que le « système » algérien n'a pas toléré. C'est pour cela qu'il nous faut nous mobiliser pour sa libération, c'est pour cela qu'il ne faut pas « laisser tomber Boualem Sansal ».

***Xavier Driencourt** a été ambassadeur de France en Algérie à deux reprises, de 2008 à 2012 et de 2017 à 2020, durant la présidence d'Abdelaziz Bouteflika. Il est l'auteur de* L'Énigme algérienne *et* Alger face à l'étranger, *tous deux parus en 2022.*

Le *harrag*

Guy Bensoussan

L'Algérie a souvent eu une relation compliquée avec ses écrivains. Plutôt que de les célébrer, au mieux elle les tolère ; au pire, elle les pourchasse, les condamne à l'exil, les force au silence.

Par un jour de novembre, un écrivain a posé le pied sur le sol algérien, porteur d'aucun autre danger que celui des mots – cette force à la fois subtile et puissante des esprits libres. Boualem Sansal, dont la plume dépasse les frontières et éclaire les consciences, a été arrêté ; sa liberté, balayée comme une feuille emportée par la tempête.
Lui qui n'a jamais renié sa terre natale, qui a toujours écrit avec l'attachement inquiet de ceux qui refusent de désespérer, se retrouve aujourd'hui enfermé, réduit au silence d'une cellule.

Boualem Sansal, aujourd'hui emprisonné malgré son âge et sa maladie, est la dernière cible du régime algérien. Depuis l'indépendance, le pouvoir a toujours vu les intellectuels comme une menace. Toute voix discordante qui ne s'alignait pas sur le récit officiel devait être étouffée. Cette tendance, qui existait sous les ères Boumédiène et Bouteflika, se poursuit encore sous Tebboune.

Mais l'État n'est pas la seule force pesant sur les écrivains : les ennemis du gouvernement ne sont pas précisément des amis des lettres non plus ; les islamistes, eux aussi, imposent la terreur. Dans les années 1990, des figures de la littérature algérienne comme Tahar Djaout, Youcef Sebti ou Abdelkader Alloula ont payé de leur vie leur liberté de penser. Rachid Mimouni a dû fuir son pays pour survivre. Est-ce devenu une tradition en Algérie ? Cette décennie noire a fait des milliers de victimes parmi les intellectuels, journalistes et artistes.

Dans ce contexte, Boualem Sansal est un homme de courage. Il a toujours dénoncé la corruption et l'extrémisme avec une lucidité sans compromis. Il a fait le choix difficile de rester en Algérie, malgré les menaces qui planaient sur lui. Mesurons-nous son courage ? Sait-on ce qu'il fallait d'audace et de ténacité pour vivre coûte que coûte en Algérie, sachant que le couperet, policier ou mafioso-religieux, tomberait un jour ou l'autre ?

Son indépendance d'esprit l'a même conduit à braver un tabou absolu en se rendant en Israël et en dénonçant le nouvel antisémitisme algérien. Il s'est ainsi proclamé « culturellement juif » – une déclaration qui a suscité incompréhension et hostilité.

Mais au-delà de la polémique qui entoure ce *harrag*[2], il y a surtout un écrivain amoureux de la langue française, ce « butin de guerre » des Algériens, comme le disait Kateb Yacine. Son œuvre est un témoignage précieux, une voix essentielle qui refuse de se taire. Aujourd'hui, il est urgent de lui rendre hommage et de faire entendre son combat.

Boualem Sansal mérite mieux que la prison : il mérite notre respect et notre soutien pour obtenir sa libération.

***Guy Bensoussan** est président de la Fondation Éden.*

2. Le terme *harrag*, littéralement « celui qui brûle » en dajira (arabe marocain), désigne les migrants clandestins qui traversent la mer Méditerranée, dans des conditions dramatiques.

1 NOTRE VOLTAIRE

« Très honnêtement, j'ignore ce que je suis, un homme de bonne volonté sûrement, mais je ne sais trop si je sais ou pas, si je suis légitime ou pas, je me livre au jugement de qui voudra me lire. Au bout du bout, il fera à sa guise, m'écrire pour m'encourager et rejoindre la révolution – je veux dire la Grande Guerre qui nous libérera tous – ou me dénoncer à la garde, j'aurai pour moi la satisfaction de lui avoir parlé un moment, en frère humain compatissant, et souhaité le meilleur pour lui, pour sa famille et leurs alliés. »

Boualem Sansal, *Lettre d'amitié, de respect et de mise en garde aux peuples et aux nations de la terre*, Gallimard, 2021.

Le pouvoir algérien embastille Voltaire, précisément parce que c'est Voltaire

Jean-Éric Schoettl

Le 16 novembre 2024, c'est d'abord, pour beaucoup d'entre nous, la stupéfaction : « On n'emprisonne pas Voltaire », avait dit de Gaulle en 1960 pour s'opposer à toute action judiciaire coercitive à l'encontre de Jean-Paul Sartre. Le pouvoir algérien, lui, embastille Voltaire, précisément parce que c'est Voltaire.

Cette irruption d'Ubu dans l'actualité, pourtant déjà chaotique, des relations franco-algériennes, nous sidère : sont-ils vraiment capables d'aller jusque-là ? Écrouer un écrivain célèbre, pacifique et malade, au seul motif qu'il critique un système politique ou une religion ? Peut-on soutenir, sans tomber dans l'odieux et le ridicule (du point de vue de la décence commune), que des pages de roman ou des entrevues à la presse constituent, au sens de l'article 87 *bis* du Code pénal algérien, des « actes terroristes ou subversifs visant la sûreté de l'État, l'intégrité du territoire, la stabilité et le fonctionnement normal des institutions » ? C'est pourtant ce qu'a considéré la justice algérienne le 11 décembre dernier, en refusant la remise en liberté de Boualem Sansal.

Ce qui est reproché à Boualem Sansal, c'est, en vérité, d'être trop français et de l'assumer sans honte. Le 28 décembre, le président algérien, Abdelmadjid Tebboune, ne le qualifie-t-il pas publiquement d'« imposteur qui ne connaît pas son identité » ? Tout se passe comme s'il existait, à côté de l'article 87 *bis* du Code pénal algérien, un article 87 *ter* qui réprimait le crime de lèse-identité. C'est au demeurant le même grief qui lui est fait, de ce côté-ci de la Méditerranée, par toute une bien-pensance décoloniale qui, des antennes du service public de l'audiovisuel aux colonnes de *Télérama*, lui intentent (à lui comme à tant d'autres esprits libres issus de l'immigration arabo-musulmane) un procès en collusion avec l'« extrême droite islamophobe ».

Ne nous laisse pas moins abasourdis cet acte trop violemment et trop clairement hostile à la France pour ne pas être contraire aux intérêts politiques, moraux et économiques bien compris de l'Algérie. Nous avons beau savoir que la détestation de la France est le fonds de commerce du régime, nous avons beau avoir mesuré combien le bouc émissaire français était commode pour occulter les faillites de la *nomenklatura* algérienne, nous avons beau comprendre que le rejet de la France est principalement dirigé contre ce qui, chez tout Algérien et, plus spécialement, chez tout intellectuel algérien, reste irrévocablement français, l'énormité du geste nous paraît contre-productive du point de vue même des dirigeants locaux.

L'exécration de la France ne peut être qu'ambivalente, tant cet exil intérieur auquel l'Algérie officielle condamne l'Algérie réelle va à l'encontre des besoins réels du pays. L'ancienne puissance coloniale continue à attirer la jeunesse algérienne, à servir de référence, à aimanter les esprits. Les dirigeants algériens ont besoin de la France pour écluser le trop-plein démographique de leur pays. Ils en ont besoin pour les transferts de fonds. Ils en ont besoin pour approvisionner leur population en certaines denrées. Ils en ont besoin pour aller se faire soigner. La langue française a beau être officiellement proscrite des enceintes académiques, elle s'obstine, dans les conversations algériennes, à exprimer l'esprit critique, la nuance et l'humour. L'acharnement à décoloniser les esprits est un enragement contre soi-même.

L'Algérie ne peut exister contre la France, car elle ne peut exister sans la France. Le nier, c'est faire de la guerre d'indépendance une guerre sans fin. C'est sacrifier les enjeux réels du développement de l'Algérie au ressassement acrimonieux des torts historiques de la France. Telle est la contradiction dans laquelle s'empêtrent, depuis des décennies, les dirigeants algériens : user jusqu'à la corde les vieilles ficelles du chauvinisme et de la bigoterie, afin de se maintenir au pouvoir sans mériter de l'exercer. Mais c'est aussi dans cette contradiction, au dernier jour de l'année 2024, que se nichait notre espoir de voir libérer Boualem Sansal.

Le 26 décembre 2024, le président de la République algérienne décidait de mesures « de grâce présidentielle et d'apaisement » au profit de 2 471 détenus. Boualem Sansal pouvait-il être l'un des 2 471 ? Ce fut non. Au vu des lourdes accusations qui pèsent sur lui aux termes très extensivement interprétés du Code pénal algérien, il ne cochait, en effet, aucune des cases. Mais le régime n'en est pas à une contradiction près. La relation schizophrénique avec la France tient, cahin-caha, tant que celle-ci encaisse sans broncher l'outrance et la provocation. Mais trop, c'est trop. Le régime ne sent-il pas que, cette fois, la France en a assez ? Si, comme le déclare Abdelmadjid Tebboune, Boualem Sansal est un « envoyé de la France », il ne tient qu'à lui de nous rendre notre compatriote.

Jean-Éric Schoettl *est ancien secrétaire général du Conseil constitutionnel.*

BOUALEM SANSAL
PLANTU

Notre Soljenitsyne, notre García Lorca, notre Neruda, notre Jara, notre Patočka

Robert Redeker[1]

Boualem Sansal est au monde musulman ce que Voltaire fut au monde chrétien. Heureusement, il ne cultive pas le cynisme de Voltaire, il est beaucoup plus pur d'âme que l'équivoque philosophe français. Il a l'âme bien plus noble que Voltaire. Lorsqu'un de ses ministres voulut faire arrêter Sartre pour avoir poussé à l'insoumission, en 1960, de Gaulle répliqua : « On n'emprisonne pas Voltaire. » Sartre était pourtant un opposant radical à de Gaulle. Cet écrivain, qui était alors une gloire mondiale, a pris le parti, lors de cette guerre d'Algérie, des ennemis officiels de la France ; plus encore : il les a aidés matériellement, a favorisé leurs desseins, travaillait en intelligence avec le FLN. Quoiqu'innocent des forfaits dont l'Algérie, son pays d'origine, l'accuse, Sansal se trouve dans la situation que de Gaulle a épargnée à Sartre : celle de l'intellectuel embastillé. Le président Macron devrait rappeler au gouvernement algérien ce mot du général de Gaulle, et lui dire : « Comme on n'emprisonne pas Voltaire, comme on n'emprisonne pas Sartre, on n'emprisonne pas Sansal ! »

1. Ce texte complète un article publié par FigaroVox en décembre 2024, qui lui sert de base. Je remercie Alexandre Devecchio et Eugénie Bastié d'avoir accepté sa première version dans leurs colonnes.

Souvenons-nous : la gauche a éprouvé beaucoup de mal, dans les années 1970, à accepter puis soutenir Alexandre Soljenitsyne. L'URSS figurait dans son imaginaire le camp du bien, comme l'islam le figure généralement aujourd'hui. Sartre renonça – ce qui est une faute pour un philosophe, consistant à soumettre la philosophie aux intérêts du militantisme – à dire la vérité sur l'URSS pour « ne pas désespérer Billancourt ». L'expérience du siècle passé délivre une amère leçon : la gauche n'aime la liberté d'expression que pour les gens qui proclament leur allégeance à ses idées. Or, comme le fit Soljenitsyne voici quelques décennies, Sansal ébranle le socle idéologico-émotionnel de cette gauche. Il n'y a plus beaucoup de pensée, à gauche, cette déficience creusant la différence entre la gauche d'hier et celle d'aujourd'hui, mais il y a encore beaucoup d'émotion : la gauche est réduite à de l'émotion acéphale. Cet ébranlement causé par l'œuvre de Soljenitsyne fut redoublé par la persécution qu'il dut subir. L'on rencontrait dans les livres de l'écrivain russe deux étages : la critique radicale du socialisme, et la description des persécutions qui s'abattaient sur lui. Soljenitsyne montra que ces persécutions sont inséparables du socialisme ; il n'y a pas de socialisme possible, peut-être même pas de progressisme possible, sans rééducation forcée, sans camps pour y punir les réfractaires. Il parvint à cette conclusion : l'horreur du stalinisme n'était pas une anomalie du socialisme, mais sa nature profonde. Sansal ne sépare pas islam et islamisme, marchant dans les pas de Soljenitsyne qui ne séparait pas socialisme et totalitarisme. À ses yeux, l'islamisme est logé dans l'ADN de l'islam comme le totalitarisme l'était dans celui du socialisme pour Soljenitsyne.

A-t-il tort, a-t-il raison ? Il n'est pas question ici de disserter à l'infini sur la pertinence de son point de vue, de soupeser sa plausibilité herméneutique, théologique et politique ; il s'agit de sauver un homme, de sauver un écrivain, de sauver les droits de l'esprit, qu'il conviendrait d'inscrire, comme le propose le philosophe Mark Hunyadi, dans le patrimoine immatériel inaliénable de l'humanité[2]. Le malaise de la gauche, sa réticence à prendre la défense de l'écrivain, vient de ce que dans les deux cas, Soljenitsyne et Sansal, l'œuvre littéraire exhibe un réel que cette gauche se refuse à examiner, craignant que l'exercice de l'esprit critique éloigne d'elle une partie de ses électeurs, sans manquer de faire le jeu de ses adversaires. Ainsi est-elle prête à sacrifier Sansal, comme elle faillit le faire pour Soljenitsyne, sur l'autel peu reluisant où se côtoient sa bonne conscience et ses intérêts. Évidente apparaît sa mauvaise foi : la bonne conscience (se planter dans le camp du bien) est le masque moral de ses intérêts (ne pas déplaire à sa clientèle à la fois électorale, culturelle et idéologique).

Souvenons-nous en outre de tous ces meetings où la colère contre le dictateur sanguinaire Pinochet tonnait comme la raison en son cratère : « Chili... Chili... Chili ! », scandait la foule de gauche. Souvenons-nous de l'immense indignation, d'une absolue légitimité, qui souleva la gauche, et au-delà, à la nouvelle des assassinats de Pablo Neruda et Victor Jara. Le fantôme de Federico García Lorca vint hanter cette colère, et Pinochet passa à juste titre pour un nouveau Franco. Nous fredonnons tous au fond de nos mémoires les refrains de Jean Ferrat et Bernard Lavilliers en hommage à Victor Jara, sans oublier les paroles d'une chanson du groupe de rock The Clash : « *Please, Remember Victor Jara / In the Santiago Stadium.* » La gauche se dressait, intraitable, drapée dans la vertu, contre ce régime sanguinaire qui assassinait, torturait, embastillait les penseurs, écrivains et musiciens qui lui résistaient. Au moindre événement culturel, concert, festival de théâtre ou salon du livre, la gauche, enfilant promptement le rôle de la Liberté guidant le peuple, manifestait son attachement qu'elle proclamait universel au droit de penser, d'écrire et de créer sans être menacé par les pouvoirs politiques. Où est-elle passée, cette gauche-là ? Ou bien était-elle déjà hypocrite, parodiant pour les naïfs l'amour inconditionnel de la liberté ? Ces questions se posent au temps de l'embastillement de Boualem Sansal.

2. Mark Hunyadi, *Déclaration universelle des Droits de l'esprit humain*, Paris, PUF, 2024.

N'en déplaise à la gauche lâche, Sartre pourtant aurait vraisemblablement soutenu Sansal : d'abord parce que le régime issu du FLN aurait fini, à la longue, par lui paraître détestable, ensuite parce qu'il aurait découvert dans l'intellectuel persécuté qu'est Sansal quelqu'un à qui il aurait tant aimé ressembler, quelqu'un qu'il aurait aimé être, sans y parvenir jamais, un *alter ego*. Sartre l'aurait reconnu : le courage de Sansal est sans pareil.

L'enjeu de l'affaire Sansal est un enjeu de civilisation. La liberté de penser et d'écrire, qui n'existe pas en dehors de la civilisation libérale occidentale issue du christianisme, et malgré les obstacles qui ont été posés au cours de l'histoire à cette liberté par les autorités chrétiennes elles-mêmes, est la plus précieuse de nos conquêtes. Elle est menacée aujourd'hui par tout ce qui sur la planète se proclame anti-occidental. Plongeant ses racines dans le passé, cette liberté est le plus bel enfant du « souci de l'âme », qui a été découvert par Platon et le judaïsme, que le christianisme a développé à son tour. C'est le philosophe dissident tchèque Jan Patočka, persécuté lui aussi par les autorités, mort au printemps 1977 après un interrogatoire policier particulièrement intense, qui a écrit après la tragédie suicidaire de la guerre de 1914-1918 que l'essence de l'Europe tient dans « le souci de l'âme[3] », dont dérive la liberté de penser et d'écrire. Traversés par le véritable amour de la liberté – et non la dilection purement rhétorique de la gauche –, Patočka et Sansal sont frères en souffrance au nom de cette liberté. Abandonner Sansal à ses persécuteurs, c'est, que l'on soit de gauche, de droite ou du centre, trahir l'essence spirituelle de l'Europe, c'est trahir notre triple origine – Athènes, Jérusalem et Rome –, c'est nous trahir nous-mêmes.

Sansal est un homme seul, un héros absolu abandonné : il n'y aura pas de Jean Ferrat ou de Bernard Lavilliers, ni de groupe de rock pour écrire une chanson populaire en sa faveur. Que notre époque serait belle, si je n'avais à écrire la phrase qui suit !

---

3. Jan Patočka, *Essais hérétiques*, trad. E. Abrams, Lagrasse, Verdier, « Verdier poche », 2007, pages 129-152.

Boualem Sansal est notre Soljenitsyne, notre García Lorca, notre Neruda, notre Jara, notre Patočka à nous, humains de la première moitié du XXIe siècle.

Philosophe et essayiste, ***Robert Redeker*** *fut au comité de rédaction de la revue* Les Temps modernes *une vingtaine d'années durant, à l'appel de Claude Lanzmann. En 2023, il a publié* L'Abolition de l'âme *aux Éditions du Cerf. Il produit par ailleurs une émission hebdomadaire sur Radio Kol Aviv : « L'Entretien infini ».*

Notre Voltaire

Michel Onfray[4]

J'ai lu de Boualem Sansal qu'il serait notre Soljenitsyne. J'ose espérer qu'il n'aura pas à subir ce que l'auteur de *L'Archipel du Goulag* a vécu puis raconté dans son chef-d'œuvre, dont il fait sens, aujourd'hui, qu'on ne le trouve plus en librairie, sauf en morceaux choisis… À quand la « Pléiade », dans laquelle on trouve deux volumes de Jean d'Ormesson ?

Je dirai bien plutôt qu'il est notre Voltaire, en espérant que son embastillement de l'autre côté de la Méditerranée durera le moins longtemps possible. Pour Voltaire, ce furent onze mois la première fois, puis deux semaines, suivies d'exil, la seconde.

Pourquoi Voltaire ?

PREMIÈRE RAISON

Pour son ironie, que tous ceux qui ont la chance de connaître Boualem n'ignorent pas. Dans notre époque qui ne comprend plus rien à rien, ni à l'humour ni à l'ironie, et qui croit que le sarcasme et l'insulte constituent l'horizon indépassable de la drôlerie, il est l'homme du sourire contre le rictus, l'homme du regard qui pétille contre la bave aux lèvres du chien qui aboie, l'homme de la phrase douce contre le verbe brutal du soudard.

4. Texte initialement paru dans *Le Journal du Dimanche* le 26 novembre 2024.

DEUXIÈME RAISON

Pour son courage à braver les nouveaux dévots, qui ne sont plus les Jésuites, qui faisaient déjà l'objet des sarcasmes de Molière, mais les islamo-gauchistes, gens de sac et de corde tout droit échappés de la cour des Miracles. Il pourfend les cagots, les bigots, les calotins de l'*intifada* française. Ce qui vaut au démystificateur la haine et la vindicte des mystifiés. Voilà qui fait beaucoup de monde...

TROISIÈME RAISON

Pour son combat contre l'intolérance et les intolérants. Contre ceux qui rêvent d'allumer des bûchers pour y précipiter les hommes libres, ou de confectionner des guillotines pour y raccourcir les poètes – qu'on se souvienne : les Jacobins décapitaient les gens de lettres et les gens de science, au prétexte que la Révolution n'avait besoin ni de Chénier ni de Lavoisier. Boualem est de ceux qui préfèrent le dialogue au coup de couteau, l'échange au poinçonnage avec un tournevis, la conversation à la découpe à la hache, sinon au rafalage de kalachnikov.

QUATRIÈME RAISON

Pour sa plume directe et jamais contournée, jamais chantournée. Il dit les choses clairement, nettement, sans fioritures. Avec lui, un chat islamiste est un chat islamiste. Dans notre époque confuse, obscure, tordue, il est l'homme de la netteté, de la clarté, de la droiture, de la rectitude. En temps chaotique, la ligne claire est révolutionnaire.

Hélas, Voltaire est devenu un paria dans son propre pays où l'on ne célèbre plus l'ironie et l'humour, le courage et la bravoure, la tolérance et le dialogue, l'intelligence et la clarté. Les nouveaux héros sont les nouveaux barbares : des brutes incultes, des chiens de meute, des assoiffés de sang, des nostalgiques des régimes barbelés du XXe siècle. Ils ne cachent pas que le terroriste de 1793 est leur géniteur à tous. Les loups sont entrés dans Paris, les louvetiers sont aux abonnés absents. Déjà, une statue de Voltaire a été invisibilisée dans Paris.

Boualem Sansal est un écrivain franco-algérien. Ce que le régime algérien lui fait actuellement subir, c'est à la France qu'il l'inflige. Le régime parle d'« intelligence avec l'ennemi ». Qui est l'ennemi ? La France ? Il faut alors le dire : pour quelles réelles raisons ? Et non pour quelles raisons fantasmées qui permettent d'accabler un bouc émissaire qui dispense de se demander : « Algérie, qu'as-tu fait de ton indépendance ? »

Nous ne pouvons, dans cette affaire, que parler au conditionnel.

Il semblerait que le président de la République ait donné l'ordre à ses ministres de ne rien dire sur ce sujet. Ce silence rejoint celui des amis de gauche de Mélenchon, socialistes et écologistes compris bien sûr, qui sifflotent et regardent en l'air… « Circulez, gens de la fachosphère, il n'y a rien à voir ! » On songe aux premiers temps des dictatures, quand le silence commence à désigner peu ou prou les complices. Les collaborateurs arrivent ensuite. Les bouchers ne tardent pas à suivre.

Quand les mollahs iraniens condamnèrent à mort Salman Rushdie pour un livre qu'ils n'avaient bien sûr pas lu, *Les Versets sataniques*, Chirac estima, comme le prince Charles en son temps (il est devenu, depuis, roi d'Angleterre, comme chacun sait), qu'il l'avait tout de même un peu cherché… Chirac a fait des petits, comme nombre de nos animaux liminaires, à droite et à gauche.

Quand Simone de Beauvoir écrivit dans *Tout compte fait*, en 1972, c'est-à-dire dix ans après l'indépendance de l'Algérie, que Sartre et elle n'avaient tout de même pas compagnonné avec le FLN pour l'islamisation du pays, avec ce que cela supposait pour les femmes, à qui l'on proposait comme avenir le passé de leurs grands-mères, on n'entendit guère les porteurs de valises du FLN commenter ce jugement lucide. Le FLN, *ce* FLN, est toujours au pouvoir. Ce qui advient au pays en bien comme en mal relève de la responsabilité du pays depuis plus de soixante ans. C'est activer la pensée magique que d'incriminer en tout la responsabilité de Mathusalem !

Il faudrait dire aux présidents algérien et français que la guerre d'Algérie est finie depuis 1962. Ne comptons pas sur Emmanuel Macron pour être l'homme de ce courage qui permettrait d'écrire une nouvelle page des relations franco-algériennes. J'ai vu, lors d'un voyage que j'avais effectué sur les traces d'Albert Camus, un grand peuple algérien. Il n'est pas assimilable à ses gouvernants. C'est à ce peuple qu'il faut songer. C'est pour ce peuple qu'il faut parler.

À l'heure où Boualem Sansal croupit dans une geôle algérienne, le gouvernement français demande à l'ambassadeur de France en Algérie d'aller fleurir la tombe de Larbi Ben M'hidi, un ancien dirigeant du FLN. Y avait-il urgence ? Ou était-ce voulu, pour faire savoir au gouvernement qui tient Boualem dans les fers qu'on compte pour quantité négligeable l'embastillement, en espérant que ce ne soit pas pire, de notre Voltaire ?

__Michel Onfray__ est le philosophe français le plus lu et le plus traduit dans le monde. Il est le défenseur d'une philosophie athée, hédoniste, matérialiste et littéraire. Il vient de publier chez Plon L'Autre Collaboration. Les origines françaises de l'islamo-gauchisme.

L'affaire Sansal n'est pas franco-algérienne, elle est universelle

Jean-Michel Blanquer[5]

Un homme, un écrivain, a été arrêté et emprisonné en raison de ce qu'il a pensé et écrit. Ce fait brut, illustration tant de fois réitérée d'une réalité politique immémoriale, vient de se répéter en Algérie, comme dans la Grèce du Vᵉ siècle avant Jésus-Christ, dans la France monarchique ou impériale, dans le Chili du général Pinochet, dans l'Union soviétique de Brejnev.

Et quand nous sommes confrontés à cette réalité aussi simple que brutale, nous ressentons ce qu'elle a d'éternel et d'universel.

Nous savons que Voltaire a écrit pour cela, que la Bastille a été prise pour cette raison, que les dissidents d'autrefois sont morts pour cette cause-là. Nos esprits pourraient être usés par la banalité de ce mal, lassés par cette vague tant de fois renouvelée, intimidés par la force du pouvoir face à la fragilité de l'être qui écrit. Et pourtant, nous savons que, chaque fois, la liberté sort victorieuse, avec le temps, par-delà le cortège glorieux de ceux qui ont donné leur vie. Car la force est du côté du faible quand il brandit la liberté. Le temps joue pour l'opprimé tandis que l'angoisse est la compagne des dictateurs. Quand Hérode se fait porter la tête de Jean Baptiste, il sait déjà qu'il est un vainqueur vaincu.

---

5. Texte initialement paru dans FigaroVox le 23 décembre 2024.

L'arrestation de Boualem Sansal rejoue une scène habituelle à laquelle nous ne devons pas nous habituer. Certains veulent la situer dans le théâtre de la relation franco-algérienne, dont nous connaissons tous les ressorts avant chaque réplique. L'Algérie des généraux se nourrit de deux mamelles : le pétrole et le ressentiment, qu'ils prennent pour une énergie renouvelable. Mais l'épuisement de ce deuxième gisement finira par advenir devant l'absurdité d'une rhétorique qui nuit tant à ce grand pays. C'est pour l'avoir dit que Sansal est derrière les barreaux. Et c'est parce que nous sortirons de ce théâtre qu'il sortira de sa prison.

En effet, l'arrestation de Sansal ne concerne pas plus la France que le reste du monde. Bien sûr, il est citoyen français, et la France a un devoir particulier à son égard, juridiquement et politiquement. Mais moralement, c'est le monde entier qui est comptable du sort de l'écrivain. À travers son cas, c'est celui de tous les prisonniers d'opinion de la planète qui se joue. C'est à ce titre que la pétition des écrivains latino-américains a tant d'importance. Elle est la première mobilisation d'intellectuels non européens pour Sansal. Mais elle n'est pas la dernière. Bientôt, sur chaque continent, d'autres voix se feront entendre, d'Afrique, d'Asie, d'Océanie, de toutes les Amériques.

Si sa libération tarde trop, cette voix sera assourdissante, et fera plus de tort au pouvoir qui a décidé d'embastiller un homme de 80 ans qu'une armée de combattants vigoureux.

Un jour, le plus proche possible, dans un an, dans dix ans, dans un siècle, Daoud et Sansal apparaîtront pour ce qu'ils sont : les Voltaire et Diderot de notre époque. Un jour, l'Algérie sera enfin libre et heureuse et elle célébrera ses précurseurs. Aujourd'hui, ils sont voués aux gémonies par le chœur des zélotes d'un régime épuisé. Demain, ils seront vus comme des prophètes.

« Le passé est un gouffre pour qui vit au jour le jour et l'avenir une malédiction assurée », écrit Boualem Sansal dans *Abraham ou la Cinquième Alliance*. Alors, ne vivons pas au jour le jour, voyons clair et loin : la libération de Sansal est l'horizon d'un combat qui dépasse nos contingences et notre temps.

***Jean-Michel Blanquer** est professeur agrégé de droit public, avocat, ancien ministre de l'Éducation nationale et président du Laboratoire de la République.*

Boualem Sansal nous fait signe

Georges-Élia Sarfati

Le sort fait aux écrivains, aux philosophes, à leurs œuvres faites ou en train de se faire a souvent constitué un indice de l'état des libertés : liberté de conscience, liberté d'expression, liberté d'innovation. Cette intrication éthique précède de beaucoup les Lumières. Quant aux pouvoirs, la censure et la violence dont ils peuvent faire preuve témoignent de la distance infranchissable qui sépare le dessein de servir de la volonté d'asservir. Comme Voltaire, Zola, Hugo en leur temps, ou plus près de nous Soljenitsyne et Patočka, l'écart existentiel de l'écriture et de la pensée créatrice peut suffire à constituer un auteur, artiste ou penseur, en prisonnier politique.

Dans *L'Âge d'homme*, Michel Leiris parlait de la littérature comme d'une tauromachie, parce que l'auteur s'expose, en se livrant et en délivrant ses lecteurs. Ajoutons encore qu'il s'expose parce qu'il prête le flanc à l'austérité morbide des tyrannies. L'action de Boualem Sansal agrège en son principe la défense de toutes les libertés fondamentales, à commencer par la première : celle du désir de liberté.

Son œuvre – romans, essais, lettres ouvertes, entretiens toujours généreusement accordés – atteste de cet enracinement premier. De surcroît, comme sa parole relie les deux rives de la Méditerranée, mais qu'elle porte et interpelle bien au-delà de ce seul espace civilisationnel, ses échos nous reviennent sans cesse aussi, parce qu'ils sont fertiles de nouvelles inspirations. Aussi, non seulement pour cette seule raison, Boualem Sansal est l'un de nos grands contemporains, mais il s'est aussi malgré lui institué paraclet d'une humanité menacée dans son aspiration à la liberté. À tout le moins ce transfrontalier n'est-il pas sans frontière, puisque, qui que nous soyons, en nous reconnaissant épris de liberté, nous nous reconnaissons affiliés à une même appartenance, celle des gens pour lesquels la vie de l'esprit possède un sens.

Le cours tourmenté de l'histoire noue parfois de telles intrigues que la personne de l'artiste ou du penseur devient objet de répression. Boualem Sansal est l'otage d'un régime qui se survit grâce à deux rentes : celle du ressentiment érigé en religion civile aux côtés de l'islam, religion d'État, et celle de la richesse de son sous-sol. Il est au cœur d'un chantage passionnel que rien n'arrêtera tant que la France, dont Sansal est citoyen, se refusera à changer la mollesse complaisante de sa diplomatie en rapport de force exigeant.

Un bref rappel de la chronologie suffira à nous en convaincre. Embarquée dans un travail de repentance interminable vis-à-vis de l'Algérie, la France n'a cessé de créer des précédents en matière d'autocritique. Tout récemment, le 1er novembre 2024, le président de la République a officiellement reconnu la responsabilité de la France dans l'assassinat, en mars 1957, du chef de l'ALN, Larbi ben M'hidi, par l'armée française, au cours de la bataille d'Alger. Depuis lors, et surtout depuis l'indépendance de l'Algérie, soixante ans ont passé. Dans un contexte de tension croissante entre les deux pays, Boualem Sansal a été arrêté le 16 novembre 2024 à son arrivée à Alger, au retour d'un séjour en France. Trois jours plus tard, le 19 novembre 2024, l'ambassadeur de France, au nom du président de la République, déposait une gerbe de fleurs sur la tombe du chef algérien au carré des Martyrs du cimetière d'El Alia. À l'évidence, ce geste n'eut aucune fonction d'apaisement. Me François Zimeray, l'avocat de l'écrivain, s'est vu refuser un visa. Toute visite consulaire lui est aussi interdite. Par surcroît, le président algérien a qualifié Boualem Sansal d'« imposteur envoyé par la France ». Dans l'optique du régime des caciques du FLN, comme des autocrates qui cultivent mythiquement le culte de la guerre d'Algérie, l'hommage réitéré de la France à l'Algérie vaut chaque fois pour une juste humiliation[6].

C'est de cet imbroglio inextricable que Boualem Sansal fait les frais. À ce titre, la machine de propagande de l'autocratie a saisi en lui une proie toute symbolique. Son arrestation, qui relève davantage de l'enlèvement et de la séquestration que de l'interpellation légalement justifiée, participe d'une vaste stratégie d'offense. Dans les règles de l'art dictatorial, c'est encore selon celles de la parodie digne de tous les dénis de droit que la bureaucratie a déclenché la machinerie de l'article 87 *bis* du Code pénal. Les chefs d'accusation : atteinte à la sûreté de l'État, atteinte à l'intégrité du territoire, à la stabilité ou au fonctionnement normal des institutions, aux symboles de la nation et de la République. Autrement dit, de Prague, le *Procès* de Kafka s'est transporté à Alger.

Récipiendaire des principaux prix littéraires français, mais pas seulement, Boualem Sansal incarne à lui seul aujourd'hui le rayonnement des lettres de langue française, avec d'autant plus de résolution que son écriture véhicule une perception clairvoyante et vigilante des évolutions de notre monde. Il est un symbole, nous l'avons dit, et sa dénonciation toute symbolique des mythes nationalistes lui vaut le traitement banal infligé à tout opposant – mais avec une tonalité spéciale, eu égard à son rang d'écrivain.

Il est plus que probable que même ses accusateurs sur ordre doutent du bien-fondé des accusations portées contre lui. Mais ils ne doutent certainement pas d'une chose : que, par leur décision folle, ils enfoncent encore davantage le pays qu'ils prétendent protéger et défendre dans un climat d'échec que la seule stratégie du bouc émissaire ne suffit plus aujourd'hui à masquer. Désigner tel

---

6. Comme le fait cependant observer Me N. Lenoir, la France, si elle le voulait, par la voix de ses représentants actuels, aurait la possibilité de mettre en œuvre différents moyens de pression vis-à-vis du gouvernement d'Alger : a) renégocier les accords franco-algériens (signés en 1968) relatifs aux facilités qui conditionnent l'immigration algérienne en France, b) renégocier les accords d'association (signés en 2005) dans le sens d'un abaissement du montant des fonds concédés à l'Algérie.

intellectuel, selon les recettes policières les plus recuites, comme l'ennemi public numéro 1, en l'affublant de tous les vices du dissident de métier, ne sera pas suffisant pour extraire de sa tourbe un régime responsable, depuis le début, de l'impéritie de sa gestion : impéritie nationale, politique, économique, sociale.

L'apport de Boualem Sansal à la culture de langue française, que cela plaise ou non à ceux qui projettent sur lui ce qu'ils sont, à savoir des imposteurs, qui ont trahi les espoirs de l'indépendance, est considérable. D'abord, il renouvelle une tradition de littérature dégagée de l'esthétisme ; ensuite, il renouvelle par le roman et l'exégèse littéraire de notre époque une tradition de philosophie sociale qui vient de loin, aussi bien du témoignage et de la fresque historique (Albert Camus, Ahmadou Kourouma, Rachid Mimouni) que de la politique-fiction (d'Evgueni Zamiatine à George Orwell) ; ensuite, il rend accessible son message, en donnant l'exemple d'un engagement universaliste concret, dénué de préjugés ; en questionnant sans relâche les apories du nationalisme xénophobe et grégaire et de l'intégrisme religieux ; en se moquant avec bonheur de l'antisionisme. Sacrilège suprême, il a même visité Israël...

C'est tout cela qui est par essence impardonnable. Aussi bien pour une dictature, encore alourdie par les pesanteurs et les mensonges du soviétisme, que pour une idéologie qui s'érige en juge de tout ce qu'elle tient pour un ferment d'insoumission.

Il faut s'honorer de lire les œuvres de Boualem Sansal, s'honorer de connaître et de faire connaître son nom, s'honorer de défendre sa personne et de dénoncer l'imposture dont il est le révélateur cardinal. Et appeler sans relâche à sa libération, sans condition.

Georges-Élia Sarfati *est psychanalyste, philosophe, linguiste, traducteur, poète et lauréat du prix Louise-Labé, fondateur de l'Université populaire de Jérusalem.*

Le combat de la liberté, l'honneur de la France

David Lisnard

« On n'emprisonne pas Voltaire », proclamait le général de Gaulle. En 2024, cet écho résonne avec une force dramatique alors que Boualem Sansal, écrivain de nationalité franco-algérienne et de renommée internationale, est injustement détenu en Algérie depuis le 16 novembre 2024.

Bien au-delà du soutien indéfectible à l'homme, qui me fait l'honneur de son amitié, cette arrestation interroge les fondements mêmes de nos sociétés : la place cruciale des intellectuels dans le débat public, la responsabilité des États dans la préservation de la liberté comme socle des Droits humains et la nécessité d'une réponse ferme et résolue de la France face à cette atteinte intolérable à la dignité humaine.

L'arrestation de Boualem Sansal, orchestrée dans des conditions humiliantes à l'aéroport d'Alger, témoigne de la dérive autoritaire d'un régime qui criminalise systématiquement toute opposition intellectuelle et révèle avec violence les rouages de sa guerre contre la pensée critique. Nous n'avons pas à nous en mêler, sauf lorsqu'un de nos compatriotes en est la victime.

Menotté, coupé de tout contact extérieur et confiné dans un isolement prolongé, cet homme de lettres, âgé et affaibli par des problèmes de santé, subit des conditions de détention indignes d'un État qui prétend défendre ses citoyens.

Ces pratiques répressives illustrent une volonté délibérée de réduire au silence une voix éminente. Mais cette stratégie, loin de diminuer la portée de son œuvre, dévoile l'obsession d'un pouvoir confronté à sa propre incapacité à tolérer la moindre contradiction.

Les accusations portées contre Boualem Sansal, qualifiées d'« atteinte à l'unité nationale » et de « complot contre la sûreté de l'État », s'inscrivent dans une logique de persécution des esprits libres.

Ce combat transcende le cas individuel : il s'agit de défendre des principes universels, essentiels à la survie même de nos démocraties.

Boualem Sansal est bien plus qu'un écrivain. Né à Téniet El-Had, il incarne un témoin éclairé des fractures historiques et contemporaines de l'Algérie.

La décennie noire des années 1990, marquée par une violence extrême et des massacres de civils, a profondément bouleversé sa perception des idéologies radicales et des complicités institutionnelles.

Ingénieur et docteur en économie, il a fréquenté les sphères du pouvoir tout en dénonçant les mécanismes de corruption et d'autoritarisme qui gangrènent les institutions.

Son premier roman, *Le Serment des barbares* (1999), publié au cœur de la guerre civile algérienne, constitue une œuvre fondatrice. À travers une écriture incisive, Boualem Sansal y dépeint une société fracturée par la violence, le cynisme des élites et la désillusion collective. Ce livre, comme un acte de résistance face à la censure, l'a immédiatement projeté sur la scène littéraire internationale.

Mais c'est *Le Village de l'Allemand*, en 2008, qui marque un tournant décisif. Inspiré de faits réels, ce roman explore les ramifications du nazisme et leurs échos dans les totalitarismes contemporains. Boualem Sansal interroge les mécanismes de la haine et les complicités silencieuses qui permettent aux régimes oppressifs de prospérer, en établissant des parallèles entre les tragédies du passé et les enjeux présents, tout en dénonçant les travers universels de l'humanité.

Depuis, la portée artistique et politique de son œuvre est colossale. Boualem Sansal ne se contente pas d'écrire des romans : il pose les bases d'une réflexion profonde sur les grandes crises de notre époque, qu'il s'agisse de la montée des populismes, du fanatisme religieux ou de l'érosion des libertés. À travers ses textes, il appelle à une vigilance constante et à une résistance active face aux forces qui cherchent à asservir les esprits.

En hommage explicite au *1984* de George Orwell, il publie en 2015 le monumental *2084, la fin du monde*. Ce récit visionnaire, à la fois terrifiant et humaniste, nous met en garde contre le fanatisme religieux islamiste qui sacrifie la liberté au nom d'une prétendue pureté idéologique. Là encore, Sansal utilise la fiction pour proposer une critique implacable des idéologies totalitaires, en rappelant que l'érosion des libertés individuelles commence toujours par l'acceptation tacite de restrictions imposées au nom de la sécurité ou de la morale.

C'est parce qu'il incarne la liberté et le refus de tout compromis sur l'essentiel que son combat dépasse les frontières de l'Algérie et de la France. Il s'inscrit dans une lutte universelle pour la défense des Droits humains et de la liberté d'expression.

En cela, il est l'héritier des grandes figures intellectuelles qui, d'Andreï Sakharov à Soljenitsyne, de Václav Havel à Navalny, plus récemment, ont osé défier des régimes oppressifs au nom d'un idéal supérieur. Sa détention actuelle est un affront non seulement à la France et à sa personne, mais à toutes les valeurs qu'incarne Boualem Sansal, à commencer par la liberté d'expression, qui est une pierre angulaire de toute société aspirant à la dignité humaine.

Gravée dans la Déclaration universelle des Droits de l'homme, elle est le socle de toutes les autres libertés. Sans elle, aucun progrès social, aucune innovation, aucune justice véritable ne peut prospérer.

Cependant, comme l'histoire l'a montré, de la Révolution française à la chute des dictatures contemporaines, cette liberté n'est jamais définitivement acquise. Elle doit être défendue sans relâche face aux menaces qu'elle suscite pour que chaque individu, quels que soient son pays, ses origines, sa condition et ses croyances, ait le droit de s'exprimer librement, de remettre en question l'ordre établi. Ce combat est plus que jamais d'actualité, à une époque où les tentatives de censure se multiplient à travers le monde, mettant en péril l'héritage des Lumières et les acquis démocratiques.

Mais, au-delà de la liberté d'expression, c'est la notion même de liberté qu'il convient d'affirmer avec force, celle qui garantit aux peuples le droit de disposer d'eux-mêmes, aux citoyens de vivre dignement et aux nations de choisir leur destin sans être soumises à des forces oppressives.

Dans son essence la plus profonde, la liberté est la possibilité, pour chaque individu, de penser, de créer et d'agir sans crainte de représailles. Elle est le fondement de la dignité humaine et le moteur des grandes avancées collectives.

Défendre Boualem Sansal, c'est défendre la liberté sous toutes ses formes : intellectuelle, politique, économique et sociale. En ce sens, l'arrestation de l'écrivain constitue une atteinte grave à cette valeur cardinale. En ciblant un intellectuel emblématique, le régime algérien ne s'attaque pas seulement à un homme, mais à l'idéal universel qu'il incarne.

Par son engagement et sa double nationalité, il symbolise le lien entre la France et l'Algérie, entre deux cultures qui partagent une histoire complexe, mais aussi un espoir commun de justice et de paix.

Tout cela – la défense d'un citoyen français, injustement détenu par un régime algérien oppressif, la défense d'un homme âgé et gravement malade, la défense d'un intellectuel reconnu pour son courage littéraire et ses engagements anti-totalitaires, et la défense de la liberté comme fondement essentiel de toute société civilisée – exige que la France adopte une position claire, intransigeante et immédiate. L'attentisme et les demi-mesures ne sont plus de mise.

Ce combat est une question de principes fondamentaux. En tant qu'État souverain, la France a le devoir de défendre chaque Français. En tant que nation des Droits de l'homme et du citoyen, elle a la responsabilité historique et morale de faire face à l'arbitraire. Le gouvernement français doit ainsi agir pour la libération immédiate et inconditionnelle de Boualem Sansal, mobiliser ses alliés au sein des organisations internationales et conditionner toute coopération future avec l'Algérie au respect strict des Droits humains.

Depuis trop longtemps, la France s'est enfermée dans une posture de repentir systématique (qui n'empêche pas parfois un regard condescendant), acceptant sans réagir les provocations d'un régime autoritaire qui nous méprise, et partiellement nous insulte. Cette attitude de soumission diplomatique n'a fait que conforter l'arrogance du pouvoir algérien, tout en affaiblissant notre crédibilité sur la scène internationale. Ce temps doit prendre fin. La France doit se réaffirmer avec dignité, ouverture et fermeté.

Les accords franco-algériens de 1968 symbolisent cette relation déséquilibrée. Ces dispositions, archaïques et déconnectées des réalités actuelles, confèrent des privilèges injustifiés aux ressortissants algériens en France. Une révision de ces accords est désormais impérative, et leur maintien doit être subordonné à des engagements clairs et réciproques sur les Droits humains et le respect mutuel, tout comme la délivrance de visas dont l'Algérie bénéficie : 210 000 en 2023, en augmentation de 60 % par rapport à 2022.

La défense de Boualem Sansal ne se limite pas à un cas individuel. Elle pose la question de savoir si nous sommes encore capables de défendre nos propres concitoyens partout dans le monde, ainsi que nos principes fondamentaux face à des régimes qui les bafouent. Rester passifs serait nous soumettre et nous déshonorer.

Exiger la libération de Boualem Sansal dépasse la simple obligation morale : c'est l'engagement concret de la France à défendre ses intérêts et à rester fidèle à sa vocation universaliste. Cette démarche offre à notre pays l'opportunité de réaffirmer son rôle de gardien des libertés et de promouvoir une conception exigeante de la Liberté, qui illumine les consciences et exalte la dignité de chaque individu face à l'oppression.

***David Lisnard** est maire de Cannes.*

La France, terre refuge des Algériens opprimés

Rachel Binhas

À l'en croire croire, il ne fait pas bon d'être algérien en France. Ces dernières années, la *nomenklatura* algérienne ne manque pas une occasion de fustiger notre pays – que l'agence de presse publique qualifie de « macronito-sioniste » –, tout en y envoyant étudier ses enfants, et en y investissant dans des appartements pour jouir d'une retraite dorée...

S'il s'est radicalisé, le fond de ce discours n'est pas nouveau. Bien avant de reprocher à Kamel Daoud de dire la vérité des années de guerre civile en Algérie jusqu'à en recevoir, en 2024, le prix Goncourt, d'en vouloir à Boualem Sansal de dénoncer, dans des romans reconnus et écrits en français, l'instrumentalisation par le pouvoir de l'islamisme pour corseter la société algérienne, ou encore d'être ulcéré parce que la France a admis la marocanité du Sahara occidental, le régime algérien a sans cesse réactivé la haine de la France comme ennemie intime chaque fois qu'il cherchait à se légitimer, tant en Algérie que vis-à-vis de la diaspora.

C'est ainsi qu'il y a quelques années, l'actuel président, Abdelmadjid Tebboune, s'adressait aux Algériens présents en ces termes : « C'est un message spécial pour nos fils, nos filles, nos mères et nos sœurs à l'étranger. Vous avez honoré le pays, ils complotent contre vous, les enfants de Harkis, les enfants d'Aussaresses, les enfants de Bigeard ! Et ils ont jeté vos frères dans la Seine, le 17 octobre 1961. Aujourd'hui, ils veulent faire la même chose avec vous, mais vous êtes des hommes et des femmes debout. L'Algérie ne vous lâchera pas, et quiconque vous touche, je m'engage personnellement [...], il le paiera et paiera un prix cher, si Dieu le veut. »

Ce message résume-t-il l'histoire des relations franco-algériennes ? Est-ce fidèle à ce que vivent les Algériens dans l'Hexagone ? Au drame vécu par les Harkis et leurs enfants ? Très peu. Ce que feint de ne pas voir le gouvernement Tebboune, c'est d'abord que l'essentiel de l'immigration algérienne est arrivée en France après l'indépendance de l'Algérie. Il y a le patronat français qui a fait appel à cette main-d'œuvre — parfois contre l'assentiment des autorités, qui auront même la volonté de freiner les arrivées —, mais pas seulement. Les départs étaient aussi une fuite devant un pays pris en main par une bureaucratie prévaricatrice qui, sous couvert de socialisme, accaparait les richesses du pays aux dépens des populations. L'échec du socialisme algérien s'est mesuré longtemps au départ des Algériens vers la France. Aujourd'hui encore, une partie non négligeable de la population, des jeunes, des diplômés, des perdants du système autoritaire, voient dans la France une terre promise, la possibilité d'un avenir plus radieux qu'en Algérie, à la fois pour eux-mêmes et pour leurs enfants. Ainsi, en 2024, près de 64 % de ceux qui ont pris la mer en Méditerranée centrale pour rejoindre les côtes espagnoles, risquant leur vie, étaient des Algériens, souvent jeunes. L'Espagne n'étant pour eux qu'une étape vers la France, puisque 90 % des immigrés algériens en Europe vivent en France. Ce que l'on appelle la communauté algérienne — bien qu'elle ne forme pas un tout homogène, mais une mosaïque à l'histoire et la culture diverses — représente en France plus de 2,6 millions de personnes. Les Algériens constituent la première nationalité contrôlée en situation irrégulière, la première à faire l'objet d'obligations de quitter le territoire, la première des nationalités pour lesquelles les autorités françaises ont du mal à organiser le retour vers le pays d'origine, tant cette *nomenklatura* à la tête de l'Algérie ne veut pas réadmettre ceux qui, potentiellement, pourraient lui demander : « Pourquoi n'y a-t-il pas un partage des richesses qui permette de construire un avenir pour tous les enfants du pays ? »

L'histoire longue des rapports entre l'Algérie indépendante et la France doit se lire également au fait que, depuis 1962, l'ancienne puissance coloniale est le refuge des opposants. Le plus célèbre ? Messali Hadj, père du nationalisme algérien, interdit d'Algérie indépendante, où ses partisans seront systématiquement assassinés dès la guerre d'indépendance. Il décédera dans l'Oise en 1974. Le premier président de l'Algérie, Ahmed Ben Bella, renversé par Boumédiène, se réfugie d'abord à Paris, à partir de 1980. Et ne retournera jamais en Algérie. De même, Mohammed Harbi, ancien responsable de la fédération de France du FLN, s'évade en 1973, après huit années de détention, grâce aux anciens porteurs de valises ayant œuvré pour l'indépendance de l'Algérie, et se réfugie en France. Hocine Aït Ahmed, un des fondateurs du FLN, à la fois héros de l'indépendance et berbériste, réussit son évasion après une condamnation à mort en 1966 et rejoint l'Hexagone, avant de finir ses jours en Suisse. Dans les années 1990, ce seront des milliers d'intellectuels ou de féministes inscrits sur les listes noires des islamistes et peu protégés par un État au jeu trouble qui trouveront refuge à Paris. Aujourd'hui, les opposants au régime « Amir DZ » et Chawki Benzehra, tout comme le partisan de l'autodétermination de la Kabylie Ferhat Mehenni, sont venus en France pour y chercher le statut de réfugiés politiques, autant qu'y préserver leur vie. Les médiatiques écrivains Boualem Sansal et Kamel Daoud ont été obligés de faire de la France leur seconde patrie, et du français leur langue d'écriture. En espérant que, dans un contexte de vives tensions avec leur pays d'origine, la nationalité française soit une protection.

Dans ce contexte, les autorités françaises, les corps intermédiaires et intellectuels sont-ils toujours à la hauteur des enjeux ? Longtemps, malgré les défenseurs de la présence coloniale au Maghreb, combattant les colonialistes au sein même de leur camp, des personnalités de gauche ont entretenu des liens forts avec les partisans des libertés. La section française de l'Internationale communiste, qui n'est pas encore le PCF, accueillera en 1925 Messali Hadj. La Confédération générale du Travail unitaire, affiliée à Moscou, se battra, face aux patrons, pour l'égalité des droits entre travailleurs français et immigrés. Les surréalistes, avec André Breton, ne ménageront pas leurs efforts. Et c'est en opposition à la guerre d'Algérie que Michel Rocard et des partisans de Pierre Mendès France créeront, en 1960, le Parti socialiste unifié ayant rompu avec la SFIO. Des socialistes qui soutiendront les nationalistes maghrébins, comme le feront les étudiants de l'UNEF. Le pouvoir algérien voudrait faire oublier cette histoire de la France anti-coloniale, ces liens qui furent décisifs pour la victoire politique du FLN contre la France.

Faire oublier qu'entre les partisans de l'indépendance et les tenants de la France coloniale, les débats ont été houleux, et même violents. De Gaulle, qui pèsera de tout son poids pour l'indépendance de l'Algérie, échappera avec son épouse à la mort dans l'attentat célèbre du Petit-Clamart, le jour où sa voiture fut mitraillée. Il refusera de gracier l'auteur de l'attentat, le lieutenant-colonel Bastien-Thiry, condamné à mort. Décision que les partisans de l'Algérie française ne lui pardonneront jamais.

Notre pays se doit d'être, aujourd'hui, à la hauteur du meilleur de son héritage. « On n'emprisonne pas Voltaire », avait dit de Gaulle à propos de Sartre, que la justice voulait embastiller en 1960 pour sa position en faveur de l'indépendance de l'Algérie. C'est en mémoire de toute cette histoire, de tous ces engagements qui participent de l'histoire de France, de tous ceux, intellectuels et militants, qui ont œuvré pour l'indépendance de l'Algérie, parfois au péril de leur vie, que l'arrestation arbitraire de Boualem Sansal est un affront.

Et c'est par fidélité envers la tradition anti-colonialiste que la dénonciation du sort réservé à Sansal doit faire l'objet d'un consensus total aujourd'hui. Quelles que soient les positions politiques et les sensibilités de chacun. Et en particulier à gauche, devrait-on dire. En l'espèce, nous savons tous, partisans de la liberté de l'esprit, que rien ne peut justifier l'audition de l'écrivain par un parquet algérien anti-terroriste, puis son emprisonnement. Le pouvoir algérien sait qu'il touche ici à l'un de nos tabous, qu'il heurte au plus profond notre sensibilité collective : l'embastillement d'un écrivain au motif que sa voix serait trop libre. De la même manière, la gauche, d'une voix unanime, devrait s'opposer à la campagne de diffamation orchestrée depuis Alger à l'encontre du prix Goncourt Kamel Daoud.

Pourtant, cela est loin d'être le cas. Une partie des responsables politiques, et même des universitaires, préfèrent se réfugier dans les histoires de notre passé colonial afin d'éviter de défendre Sansal. Plutôt que de s'interroger sur ce qu'est devenue l'Algérie, ce que cette arrestation dit du pouvoir algérien, elle pinaille pour savoir si tel propos de Sansal est conforme à la doxa. « Le but de la démocratie n'est pas de s'entendre, mais de savoir se diviser », disait le sociologue et économiste Alfred Sauvy. En s'attaquant à ce que seraient les opinions politiques de l'écrivain, comme pour relativiser l'injustice dont il est victime, et aussi l'universalité du combat, les détracteurs de Boualem Sansal s'en prennent aux principes même de ce qui est le meilleur de la France.

Qu'est-ce qui peut justifier le choix d'abandonner un homme de lettres, français, aujourd'hui otage d'un gouvernement autoritaire ? Ces critiques sont d'autant plus malvenues qu'elles visent un homme privé de ses libertés, à qui on ne donne pas le droit de se défendre, en lui refusant l'avocat qu'il s'est choisi. Ne pas soutenir la libération de Boualem Sansal, c'est emprisonner Voltaire. Ou renouer avec les réflexes staliniens d'une partie de la gauche française des années 1970, qui se refusait à défendre Soljenitsyne sous prétexte que sa critique du goulag pourrait faire le jeu de l'impérialisme américain. Qu'importe, il faut faire malgré cet affaissement moral qui confine à la lâcheté.

Le 23 janvier 2025, au Parlement européen, des figures de La France Insoumise se sont refusées à voter en faveur d'une résolution demandant la libération de Boualem Sansal, la possibilité qu'il soit visité en prison par son avocat et une délégation de médecins. Si Rima Hassan, qui est habituée à paraître aux côtés de ce qu'il y a de pire sur le plan international, a voté contre, Manon Aubry, présidente de son groupe politique, s'est abstenue, n'osant pas aller jusqu'au bout de l'indignité. Tout en reprenant les éléments de langage d'Alger pour justifier la position des Insoumis. Dans un geste qui, au contraire, sauve l'honneur d'une partie de la gauche, Raphaël

Glucksmann (Place Publique) et François Ruffin (Insoumis indépendant) n'ont pas caché leur profond désaccord avec les partisans de Jean-Luc Mélenchon. Néanmoins, l'engagement pour Sansal reste faible à gauche. Cette incapacité à défendre des principes rappelle le pire du mouvement politique. Et envoie un message inquiétant aux opposants algériens, persuadés qu'en France ils pourraient partout trouver soutien, sécurité et liberté. Tout ce à quoi aspirent en réalité la majorité des Algériens, et dont ils sont privés dans leur pays. Plus qu'une occasion manquée, une faute politique désormais inscrite dans l'histoire.

***Rachel Binhas** est journaliste et essayiste. Elle vient de publier* Victimes françaises du Hamas. Leur histoire, notre silence *aux Éditions de l'Observatoire. Le 21 novembre 2024, dans l'hebdomadaire* Marianne, *où elle officie, elle révèle au grand public l'arrestation et le placement en détention de Boualem Sansal.*

2 FRANCE-ALGÉRIE : HÉRITAGE, TENSIONS, PERSPECTIVES

« Nous sommes des charognards, mort de nos os ! Le pétrole qui nourrit notre ignorance et notre grossier appétit de puissance n'est-il pas une charogne, un résidu nauséabond de la décomposition des immenses forêts d'antan et de leur fabuleuse faune ? N'est-il pas normal, après tout, qu'aujourd'hui nous en crevions ?
Ce pays n'est pas gai ; un sortilège le maintient au plus bas de la vie, et son peuple, tributaire de ses chaînes, le hante comme un fantôme vadrouille dans sa demeure. »

Boualem Sansal, *Le Serment des barbares*, Gallimard, 1999.

Prise d'otages

Pierre Lellouche

C'est l'illustre Rima Hassan, franco-syro-palestinienne et députée européenne de son état, qui nous fournit, « en dépit de son plein gré », la grille de lecture de ce qui nous arrive.

Ce qui arrive à Boualem Sansal, tout d'abord, otage du régime algérien jeté en prison depuis novembre 2024, malgré son âge avancé et une maladie grave.

À l'Algérie ensuite, qui s'enfonce dans une sorte de national-islamisme agressif, et dont le président accuse la France de « génocide » et humilie ouvertement Paris.

À la France enfin, submergée par une immigration musulmane hors de contrôle, et qui voit se déployer sur son sol un bataillon de moudjahidines algériens 2.0 qui menacent quotidiennement de la violenter.

Le point commun ? La lutte décoloniale (en vérité une volonté de colonisation à l'envers) des idéologues musulmans et autres « racisés » contre la France et l'Occident, avec le soutien d'une extrême gauche convertie à l'islamisme, la haine des « sionistes » (lire des Juifs), et la défense bec et ongles du régime algérien, « la Mecque des libertés », selon l'élue LFI.

Du coup, fort logiquement, Mme Hassan et ses amis, après avoir félicité le Hamas du pogrom et des prises d'otages du 7 octobre 2023, approuvent un an plus tard la prise en otage d'un écrivain franco-algérien par le régime d'Alger. L'époque est à la prise d'otages, qui fait partie des traditions… Boualem Sansal avait eu le tort de critiquer le régime, de prévenir ses concitoyens français de l'islamisme qui les menace et de croire qu'entre la dictature militaire et celle des barbus pourrait peut-être, un jour, s'ouvrir un chemin de paix et de liberté pour les peuples arabes...

Qui ne voit, dès lors, que la lutte pour la liberté de Boualem Sansal est aussi, et même d'abord, la nôtre ?

L'appareil militaro-sécuritaire au pouvoir à Alger depuis l'indépendance vit très confortablement d'une fantastique rente gazière et pétrolière (95 % des exportations et 60 % des recettes budgétaires) du pays. Le peuple, lui, ne reçoit que des miettes, *via* le contrôle des prix des produits alimentaires. Mais le pouvoir à Alger vit aussi d'une autre rente : la dénonciation quotidienne de l'« ennemi éternel français » (*dixit* un ministre du Travail algérien), coupable de tous les maux du pays. Récemment, après la reconnaissance de la « marocanité » du Sahara occidental, la pression est montée de plusieurs crans. Alger désormais juge – et il n'a pas tort, hélas – que la France est molle, qu'elle est devenue faible ; que le moment est venu de lui faire payer ses « 132 années de colonisation par 132 années de visas », comme dit Tebboune ; qu'on peut lui envoyer des dizaines de milliers de *harragas* chaque année et n'en reprendre aucun, même quand ils remplissent les prisons françaises ; que les caciques du régime peuvent venir se faire soigner *gratis* dans les meilleurs hôpitaux parisiens, avec un passeport diplomatique ; qu'ils peuvent politiser à leur guise, depuis vingt consulats (!) et la Grande Mosquée de Paris, une masse de plusieurs millions d'immigrés algériens (le chiffre Insee de deux millions est à multiplier par trois si l'on inclut les clandestins), dont certains appellent à l'*intifada* en France...

Alors que de Gaulle, après Évian, voulait fort justement tourner définitivement la page algérienne et passer à autre chose, à peine quinze ans après l'indépendance, avec le regroupement familial et l'immigration de masse des années 1970, nous avons nous-mêmes créé une situation inextricable où intégration ratée se conjugue avec poussée islamiste, voire terroriste, et désormais avec une noyade nationale dans le narcotrafic, le tout émaillé de bouderies et de colères à répétition du régime algérien à notre encontre, un régime passé maître dans l'exploitation, chez nous, d'un inextinguible complexe de culpabilité.

Les choses désormais ont atteint un niveau de tensions tel que la génuflexion n'est sans doute plus la meilleure voie à suivre. Foin de repentance, de contrition, de reconnaissance de « crimes contre l'humanité », cette énorme erreur de Macron en 2017 avant son élection. Sun Tsu enseigne qu'il ne faut jamais se battre sur le terrain de l'adversaire. Alors à quoi sert-il de ne touiller les « mémoires » que d'un seul côté, sinon à alimenter la rente mémorielle exploitée sans vergogne depuis soixante-deux ans par le pouvoir militaro-sécuritaire algérien ? Pourquoi ne pas nous adresser au contraire aux deux tiers de la population qui n'ont jamais connu la guerre d'indépendance, et qui aspirent surtout à vivre convenablement et, si possible, librement ? Une dose de bon sens s'impose désormais avec les mesures suivantes, applicables immédiatement : suppression pour trois mois renouvelables de tous les visas et autres titres de séjour, arrêt des transferts financiers vers l'Algérie, suppression de l'aide publique au développement (200 millions d'euros par an !), fermeture de consulats (vingt en France contre trois consulats français en Algérie), cela en attendant que cessent les déclarations insultantes contre la France et ses dirigeants, que Boualem Sansal soit remis en liberté, et qu'Alger s'engage à reprendre sur son territoire ses ressortissants expulsés depuis la France.

La puissance impose le respect, comme la faiblesse conduit inéluctablement au paillasson...

***Pierre Lellouche**, ancien ministre, vient de publier* Engrenages : la guerre d'Ukraine et le basculement du monde *aux éditions Odile Jacob.*

Une lumière un peu crue

Rémi Brague

Je n'ai eu la chance de rencontrer Boualem Sansal qu'une seule et unique fois (ce que je regrette), il y a quatre ou cinq ans, chez des amis communs.

Je me souviens d'un seul détail. Il nous a raconté le fait suivant. C'était vers la fin de ce qu'on appelle communément chez nous la « guerre d'Algérie », ce que le discours officiel algérien appelle « Soulèvement de libération » (*ṯawra*^{tu} *'l-taḥrīr*). À cette époque, donc, les principaux chefs de la rébellion armée, en territoire algérien, tombaient fréquemment, les armes à la main, sous les balles de l'armée française. Nos militaires devaient donc avoir été bien renseignés et savoir où se trouvaient les chefs en question. Par quels informateurs ?

La réponse que donnait Boualem Sansal était : mais tout simplement par ceux qui avaient de très bonnes raisons de le savoir, en l'occurrence les dirigeants politiques du FLN qui se trouvaient en exil, en dehors de l'Algérie. Et pourquoi le faisaient-ils ? Afin que, une fois l'indépendance acquise, l'ALN (« Armée de libération nationale »), puisse rentrer au pays l'arme à la bretelle, intacte, sans avoir vu le feu, et tout juste capable de massacrer les Harkis que la France avait désarmés et abandonnés à leur sort.

De la sorte, le pouvoir de ses chefs ne risquerait pas de se voir concurrencer par les combattants effectifs. Il y a là, me permettrais-je d'ajouter, une loi générale : les instances dirigeantes d'un parti n'aiment pas les héros, ceux qui ont risqué leur vie et bénéficient de ce fait d'une légitimité charismatique, voire d'une aura. Ils préfèrent promouvoir des gens un peu compromis, parce qu'il sera plus aisé de faire pression sur eux en les menaçant de révéler quelque cadavre dans quelque placard.

Ainsi, par exemple, on peut supposer que, si le PCF a mis en avant Georges Marchais, le propulsant à la place de premier secrétaire du parti, ce n'est pas malgré sa période de STO chez Messerschmitt, mais bien au contraire à cause de ce détail peu glorieux de sa vie. Il rendait cette spectaculaire marionnette plus docilement manipulable par ceux qui, plus discrets, en tiraient les ficelles.

Pour en revenir à l'Algérie, le petit fait rapporté par Boualem Sansal, s'il est exact, projette une lumière un peu crue sur la nature de ceux qui y ont pris le pouvoir dans les années 1960 et, par ricochet, sur ceux qui le détiennent actuellement. Ils ne sont pas les héritiers de ceux qui ont affronté les dangers d'une révolte armée contre une armée puissante. Ils sont bien plutôt de la race de ceux qui ont attendu tranquillement, en Tunisie ou ailleurs, que les armes se taisent pour cueillir le fruit d'un arbre que d'autres avaient arrosé de leur sang.

Je rapporte ce bout de conversation, car il m'avait beaucoup frappé à l'époque. Je ne savais pas grand-chose de la guerre d'Algérie, qui s'est achevée alors que j'avais quinze ans, et tout cela était quasiment nouveau pour moi. Plus choquant encore était peut-être que Boualem Sansal ne présentait nullement cette idée comme une opinion personnelle. Pour lui, il s'agissait de quelque chose que « tout le monde » savait dans son pays. En tout cas, si tout le monde le savait, on ne se le chuchotait que sous le manteau.

Je ne sais pas si les historiens viendront corroborer ou, au contraire, infirmer cette théorie. Je leur cède la parole et ose compter sur leur honnêteté.

Mais pourquoi rapporter cette conversation dans un ouvrage destiné à aider un écrivain à se sortir d'un mauvais pas ? Eh bien, peut-être parce qu'elle n'est pas qu'anecdotique et qu'elle peut éclairer les raisons qui l'ont mené audit mauvais pas.

Peut-être parce que, parmi les raisons qui ont conduit les membres de la clique dirigeante algérienne à l'arrêter, à l'emprisonner et à le diffamer, il n'y a pas que les prétextes invoqués, et qui, en tout cas à leurs propres yeux, ne sont pas sans poids. Y aurait-il aussi leur désir de faire taire ceux qui ébruitent ce qu'ils aimeraient laisser dans l'ombre, à savoir ce qui fonde leur prétention à la légitimité ?

Rémi Brague, *de l'Institut, est professeur émérite à l'Université Panthéon-Sorbonne / Paris I (philosophie arabe) et à la Ludwig-Maximilians Universität de Munich (philosophie des religions européennes).*

Face aux provocations incessantes, il faut dénoncer l'accord franco-algérien de 1968

Gabriel Attal[1]

« Nous allons tous vous violer » ; « ceux qui savent manier les armes vont vous achever ». Appel au meurtre. Ode au terrorisme. Propos antisémites. Voilà la manière dont des influenceurs algériens parlent de la France. Ces dérives sont graves. Elles choquent. Et surtout, elles appellent une réponse ferme. Car depuis plusieurs semaines, plusieurs mois, plusieurs années, le régime algérien balaie toutes nos mains tendues et ne cesse de tester notre pays.

Il y a ces influenceurs prêcheurs de haine. Il y a les provocations et les insultes des hiérarques du régime. Il y a l'arrestation en Algérie de notre compatriote Boualem Sansal. Depuis des années, l'écrivain dénonçait les dérives de l'islamisme : il est aujourd'hui en prison. Ce n'est pas seulement Boualem Sansal qui est pris en otage, c'est la France. Dernière provocation en date : l'Algérie a décidé de renvoyer en France un influenceur que nous avons arrêté et renvoyé dans son pays. Cette bravade doit être la dernière. Face au régime d'Alger, la France doit poser des limites et assumer le rapport de force. Car la

1. Texte initialement paru dans *Le Figaro* du 10 janvier 2025.

France est une grande puissance et doit, comme toutes les grandes puissances, se faire respecter. La France, on ne l'intimide pas. On la respecte et on ne la provoque pas sans conséquences.

Alors, il est temps. Temps de se débarrasser des procès en culpabilisation et de la rente mémorielle. Temps que les stratégies de déstabilisation cessent. C'est une question de respect pour les ressortissants algériens vivant dans notre pays, qui, dans leur immense majorité, ne souhaitent que l'apaisement et sont pris en tenaille par les manipulations et les outrances des hiérarques d'Alger. En France, une génération entière de responsables politiques et économiques accède progressivement aux responsabilités. Cette génération, ma génération, n'a pas vécu l'Algérie française, la guerre d'Algérie ou la décolonisation.

C'est une opportunité historique pour établir une relation normale, dépassionnée. Alors saisissons-la pour ouvrir une nouvelle page dans nos relations avec l'Algérie, faite de respect mutuel. C'est essentiel, d'autant que le débat public occulte trop souvent une dimension essentielle de nos relations : nos intérêts économiques et stratégiques. C'est aussi pour les défendre que nous devons établir une relation nouvelle. Face au régime algérien, l'heure de la fermeté a sonné.

Nous devons revenir à un principe de bon sens : quand on ne respecte pas la France, on ne profite pas de la France. Un accord de 2007 permet à tous les détenteurs de passeports diplomatiques algériens de venir et circuler librement et sans contrainte en France. Résultat : la voie est libre pour que des dignitaires algériens, tout en méprisant notre pays, s'y précipitent pour y voyager ou s'y faire soigner – en laissant derrière eux une dette hospitalière à éponger. Cet accord de 2007, aussi, nous devons le dénoncer.

La première urgence, c'est d'avoir le courage de dénoncer l'accord franco-algérien de 1968. Cet accord, qui avait un sens dans le contexte de 1968 et de la décolonisation, a bénéficié à nos deux pays. Mais il est aujourd'hui devenu une filière d'immigration à part entière, permettant le regroupement familial et l'installation de personnes, sans même qu'elles aient à connaître notre langue ou à montrer leur intégration. De plus, il rend pratiquement impossible de retirer des titres de séjour aux ressortissants algériens, même pour des motifs d'ordre public. C'est injuste vis-à-vis des autres pays et injustifiable auprès des Français.

Ensuite, la fermeté, c'est de réduire le nombre de visas accordés. L'histoire a montré que c'était possible, mais rarement assez, puisque l'Algérie accorde toujours moins d'un laissez-passer consulaire sur dix ans dans le cadre des OQTF. Ce n'est pas acceptable, et c'est en diminuant drastiquement le nombre de visas accordés que nous ferons pression et obtiendrons une réaction des responsables algériens. Les efforts ne peuvent pas venir toujours que du côté français ; enfin, l'efficacité, ce n'est pas de s'en prendre à tout un peuple, mais de pénaliser ses hiérarques qui profitent de nos largesses.

Ces mesures d'urgence seraient un signal fort. Mais nous avons encore d'autres cartes en main. L'arme commerciale peut être un outil très utile. Alors menons au niveau européen les discussions nécessaires pour augmenter, s'il le faut, les tarifs douaniers avec l'Algérie. Entre l'aveuglement de l'extrême gauche et la haine aveugle de l'extrême droite, il y a un chemin : c'est l'efficacité. C'est une relation diplomatique rééquilibrée, qui respecte nos lois, nos frontières, nos intérêts économiques et stratégiques, et qui respecte nos deux peuples car ils n'aspirent qu'à vivre en paix. Derrière cette relation diplomatique à reconstruire autour de principes de fermeté et de respect mutuel, c'est la capacité de la France à se faire respecter qui se joue. Il y a urgence.

***Gabriel Attal** est ancien Premier ministre.*

Un “oui, mais” odieux

Richard Malka[2]

Je suis effondré. Je connais Boualem Sansal, grand écrivain, d'un rare courage, véritable combattant contre l'islamisme. Et c'est précisément cela qu'on lui reproche. Y compris en France, où certains pseudo-intellectuels, dans un mépris insupportable, disent qu'il faut le défendre… mais ajoutent un « oui, mais ».

Ce « mais » est misérable et odieux. Boualem Sansal est victime d'un régime obscurantiste et corrompu jusqu'à la moelle, qui n'hésite pas à emprisonner un écrivain sans motif, sans procès, sans durée. La mobilisation n'est pas à la hauteur. C'est une atteinte grave non seulement à la liberté d'expression, mais aussi au plus élémentaire Droit de l'homme : ne pas être emprisonné par le fait d'un autocrate ou le bon vouloir d'un tyran.

Je déplore le silence de certains acteurs politiques, notamment à gauche, où certains se montrent si prompts à parler de liberté d'expression lorsqu'il s'agit d'abroger le délit d'apologie du terrorisme. Peut-être considèrent-ils que lutter contre l'islamisme, pour un écrivain de culture arabe, cela justifie d'être laissé à son triste sort quand il est enfermé sans raison. Cette petite musique donne la nausée.

Cette arrestation est aussi une sorte de test posé à la France et à ses principes par le régime algérien. Il y a ici une dimension diplomatique claire. Boualem Sansal est emprisonné pour ses opinions, rien d'autre. Il n'a agressé, tué ou blessé personne. Mais ses idées

2. Texte adapté d'un entretien donné à *Marianne* le 25 novembre 2024.

dérangent un pouvoir totalitaire. C'est le propre des régimes les plus abjects. Il ne devrait pas y avoir de débat : nous devrions être unanimes dans notre soutien à Boualem Sansal, en particulier dans le monde de la culture. On doit tous être Boualem Sansal.

J'ai trouvé très pertinente l'idée de Jean-Christophe Rufin de proposer son élection à l'unanimité à l'Académie française. Ce type d'initiative devrait être multiplié. Si la gauche ne se mobilise pas pour défendre la liberté d'un homme injustement emprisonné au motif qu'il aurait exprimé des positions voltairiennes, alors elle n'a plus de raison d'exister.

Je ne suis pas diplomate, mais j'espère que tout est mis en œuvre pour obtenir la libération de Boualem Sansal. Prendre en otage un homme de lettres pour faire pression sur un État, c'est monstrueux. Cela illustre la faiblesse d'un régime incapable de démontrer sa force autrement qu'en emprisonnant des esprits libres, l'essoufflement d'un régime algérien autoritaire et fragile.

Nous voyons un régime dictatorial en plein déclin auquel il ne reste que l'arme de la peur pour tenir son peuple. Il traite ses citoyens comme des animaux, les enfermant pour avoir simplement écrit ou dit quelque chose qui ne lui plaît pas. C'est une démonstration ultime de faiblesse et d'arbitraire.

Cette affaire semble aussi liée à une réécriture de l'histoire algérienne, notamment sur la décennie noire...

Nous devons être solidaires avec les écrivains ou les journalistes emprisonnés à raison de leurs écrits, qu'on apprécie ou non ce qu'ils écrivent. Qu'on les emprisonne ou qu'on les calomnie (dans le cas de Kamel Daoud) représente une insulte à la civilisation pour laquelle beaucoup trop ont exprimé une certaine complaisance parce que l'un comme l'autre sont des écrivains libres ayant refusé toute assignation identitaire.

Richard Malka *est avocat, défenseur de la liberté d'expression et du journal* Charlie Hebdo *depuis plus de trente ans. Il est auteur de romans et d'essais pour lesquels il a reçu le prix du Livre politique, le prix des Députés, le prix de la Laïcité. Il est également scénariste de romans graphiques.*

Tous les dictateurs craignent les intellectuels

Alaa al-Aswany[3]

Rencontrer Alaa al-Aswany, c'est converser avec une voix emblématique de la littérature arabe contemporaine. Romancier reconnu notamment pour L'Immeuble Yacoubian, *intellectuel engagé, il est une figure incontournable de la lutte pour la liberté d'expression dans le monde arabe. Ses prises de position courageuses lui ont valu d'être persécuté en Égypte, son pays natal.*

Dans le cadre de ce livre consacré à Boualem Sansal, nous avons recueilli ses propos concernant l'emprisonnement de l'écrivain algérien, la place des intellectuels face à la répression et les mécanismes de censure qui continuent de malmener la création littéraire en Afrique du Nord.

— Alaa al-Aswany, vous êtes connu pour votre engagement en faveur de la liberté d'expression et pour avoir été vous-même confronté à la répression. Des régimes autoritaires ont voulu faire taire votre voix. Votre position face à l'emprisonnement de Boualem Sansal est-elle liée à votre expérience personnelle ?

— Absolument ! Le régime égyptien m'a envoyé devant le tribunal militaire ; il m'a accusé d'insulter l'armée dans mon ouvrage *J'ai couru vers le Nil.* Je n'étais pas en Égypte à ce moment-là ; si j'y avais été, j'aurais dû faire face à un juge militaire. Je ne suis alors pas loin

3. Entretien réalisé par Quentin Verwaerde.

de ce que vit M. Sansal. Je le connais personnellement, j'ai entendu certaines de ses opinions, nous avons naturellement quelques désaccords : personnellement, je fais une différence entre musulman et islamiste. Le musulman est comme un chrétien ou un juif, il est croyant, innocent. L'islamisme, c'est l'islam politique, c'est une idéologie. Je suis avec les musulmans et contre les islamistes. Alors que Boualem Sansal est contre l'islam ; il en a le droit. Mais punir les écrivains pour leurs opinions relève de la barbarie médiévale !

— Comment expliquer que des régimes autoritaires, notamment africains, s'attaquent d'abord à des écrivains produisant des textes de fiction, des romans, des nouvelles, des œuvres d'art faisant appel à l'imaginaire ? Pourquoi s'en prendre à cette catégorie d'intellectuels ?

— Ces dirigeants ont peur des intellectuels, ils ne les comprennent pas. En Égypte ou dans le monde arabe, tous les dictateurs craignent les intellectuels, alors qu'eux-mêmes tiennent tout : les médias, la police, l'armée. De son côté, l'intellectuel n'a que sa plume.

— Peut-on faire un parallèle entre la situation algérienne et égyptienne concernant la place des artistes et des écrivains ?

— Oui, le fonctionnement de la dictature militaire est le même partout. Vous émettez des opinions qui vous sont propres, et l'on vous accuse systématiquement de *traîtrise.* La dictature militaire ne comprend pas l'opposition. Dans l'armée, le principe d'opposition n'existe pas. Le dictateur dirige le pays comme il a dirigé l'armée : colonel ou président, le procédé est le même. Boualem Sansal est considéré comme un « traître » par le gouvernement. Cependant, il y a une contradiction : Sansal a travaillé pour le gouvernement algérien, il y eut même un poste important. Le gouvernement ne savait donc pas qu'il tenait un « traître » dans ses rangs ? N'importe quoi !

— Le gouvernement algérien accuse Boualem Sansal de terrorisme, comme s'il était une menace. Qu'est-ce que cela vous inspire ?

— Le monde arabe est influencé par le modèle égyptien. Cela passe par l'art et la littérature, mais la dictature exerce aussi une influence sur les autres régimes. Accuser un écrivain d'acte terroriste est une invention pleinement égyptienne, bien que ce soit, en Égypte, formulé autrement : on aurait plutôt accusé l'auteur de *soutenir un groupe terroriste*. Le gouvernement algérien est trop paresseux pour reprendre la formule complète originale...

— Où en est la liberté d'expression en Afrique du Nord ?

— La censure, c'est d'une part la permission, et de l'autre l'interdiction. Il n'y a pas de censure en Afrique du Nord puisqu'il n'y a pas de permission du tout. La censure est *intégrée*. Les écrivains courageux comme Boualem Sansal et Kamel Daoud en paient le prix.

— L'Algérie reproche à Sansal ses positions concernant les conflits frontaliers entre le Maroc et l'Algérie. Ce serait à l'origine de son emprisonnement.

— C'est son opinion. Certains Français sont contre les massacres commis par l'armée française lors de la guerre d'Algérie et ne sont pas accusés de trahison pour autant.

— Comment améliorer cette situation ? Imaginez-vous des solutions venant de la France, des écrivains ou de la communauté internationale ?

— Les dictateurs ne mesurent pas l'importance de la liberté d'expression. On vous dira de continuer à vous battre pour elle, mais les gouvernements occidentaux soutiennent, en réalité, les régimes autoritaires nord-africains...

— Les tensions entre la France et l'Algérie relèvent aussi d'une volonté hexagonale d'inciter l'Algérie à adopter une attitude plus démocratique. Les peuples du monde arabe ont-ils une volonté de changement, penchant vers la démocratie ?

— Les choix des gouvernements occidentaux n'aboutissent qu'à deux voies : défendre des principes, ou défendre des intérêts.

Souvent, ils choisissent les intérêts. C'est terrible, mais cela s'inscrit dans l'ordre des choses : les gouvernements occidentaux s'intéressent finalement peu aux dictateurs arabes ; ils ne promeuvent pas la liberté d'expression. Ils défendent les droits de Boualem Sansal, pas ceux de milliers de citoyens emprisonnés injustement. *Quid* de la liberté d'expression au Maroc, par exemple ? Je n'en attends pas beaucoup des États-Unis et des États européens ; j'en attends cependant beaucoup du peuple, des intellectuels occidentaux, ces gens sincères.

— Si vous aviez la possibilité d'envoyer une lettre à Boualem Sansal en captivité, que lui souhaiteriez-vous ?

— Un grand soutien à un homme courageux, un défenseur assidu de la liberté de son pays qui, à 80 ans, n'a jamais commis le moindre crime. Je suis certain qu'il finira par gagner.

***Alaa al-Aswany** est l'un des écrivains arabes les plus célèbres du monde. Son premier roman,* L'Immeuble Yacoubian, *publié en 2006, est devenu un véritable phénomène éditorial international, suivi de* Chicago *(2009),* Automobile Club d'Égypte *(2014),* J'ai couru vers le Nil *(2018) et* Au soir d'Alexandrie, *tous parus chez Actes Sud. Romancier, nouvelliste, essayiste, il est traduit en une trentaine de langues et a reçu une quinzaine de prix littéraires. Il est l'un des membres fondateurs du mouvement d'opposition Kifaya (« Ça suffit »). En 2011, il a pris une part active au Printemps arabe et a participé au mouvement de la place Tahrir.*

Dire les non-dits

Richard Prasquier

Boualem Sansal, arrêté le 16 novembre 2024 par la police algérienne, est détenu pour atteinte à la sûreté de l'État – une incrimination particulièrement grave –, et je veux exprimer mon admiration pour cet homme qui a fait de la liberté d'expression et de critique sa boussole de vie.

En Algérie, la crise que vit la France démocratique d'aujourd'hui est inenvisageable. C'est un pays où l'armée a le pouvoir, dont elle délègue l'apparence à un président, Abdelmadjid Tebboune, prétendument élu il y a deux mois par 95 % des votants ; un chiffre qu'il a lui-même demandé à être diminué, pour le rendre plus présentable à l'international. La commission de contrôle a obligeamment baissé à 85 % ce pourcentage fabriqué, qui ne tient de toute façon pas compte de l'abstention massive, comme en Kabylie. Cet État, qui risque de ressembler à celui d'Orwell, Sansal l'a décrit en 2018 dans une dystopie terrible : *2084, la fin du monde*. Il fait face avec la seule arme dont il dispose, sa plume.

Comme Soljenitsyne avant lui, il a fait des études scientifiques. Chacun des deux a puisé dans ses expériences personnelles et a commencé à écrire tard, à plus de 40 ans pour le Russe, qui avait passé huit ans au goulag, à près de 50 ans pour Sansal qui, comme haut fonctionnaire au ministère de l'Industrie, a pu approcher quelques-uns des secrets de la décennie noire de lutte contre l'islamisme, une période dont il est aujourd'hui encore interdit de débattre – ce qui a valu à Kamel Daoud le déchaînement de la presse algérienne après son prix Goncourt.

Inutile de dire que Boualem Sansal, après *Le Serment des barbares*, son premier roman, en 1999, qui mettait le doigt sur les non-dits tragiques de la période, a quitté son poste, et est devenu écrivain à temps plein.

En 2012, son livre *Rue Darwin* avait reçu le prix du Roman arabe. Les ambassadeurs des pays arabes avaient réclamé son annulation. Le jury a maintenu son choix et Gallimard a organisé une cérémonie. C'est alors que j'ai fait sa connaissance. Sansal m'a invité en tant que président du Crif, probablement parce que, après les assassinats de Toulouse, il voulait montrer qu'il y avait une autre Algérie que celle d'où était originaire le meurtrier. Je lui ai demandé s'il ne craignait pas qu'on le considère comme un *suppôt* du Crif ; il m'a répondu qu'il n'en avait cure, bien au contraire. J'ai été impressionné.

Le héros de la rue Darwin, revenu de loin dans son Algérie natale à laquelle le rattache le souvenir ambivalent d'une mère adoptive mystérieuse, proche et lointaine à la fois, donne peut-être la clé de l'acharnement de Boualem Sansal à rester dans son pays, et à y témoigner, malgré les menaces. L'accusation de sionisme, une accusation qui vaut anathème, est continuellement lancée contre Boualem Sansal en Algérie. « Marionnette du Crif » ou « du Crif et de la Licra » en sont deux variantes classiques.

Rappelons qu'il y avait en Algérie des Juifs longtemps avant qu'il y eût des Arabes en Palestine. Il n'y a plus aucun Juif en Algérie et ce pays, prompt à réclamer des Français une repentance sans circonstances atténuantes, n'a aucun état d'âme sur la disparition des Juifs de son territoire.

Sur certains sites soutenus par le régime, comme *Algérie patriotique*, l'Algérie est présentée comme la Mecque de l'anticolonialisme, un phare pour le monde, et la cible d'une nouvelle guerre menée par le lâche et génocidaire ennemi sioniste. Cette rhétorique guerrière est commune aux hiérarques militaires et aux dignitaires religieux qui, malgré les terribles conflits du passé, se partagent le pouvoir et la rente pétrolière. Afficher sa sympathie pour Israël nécessite dans ces conditions un courage exceptionnel. Dans *Le Village de l'Allemand*, un officier SS est devenu héros de la lutte anticoloniale. Si, en 2008, cette comparaison paraissait saugrenue à certains, on comprend mieux aujourd'hui en Occident, notamment depuis le 7 octobre, pourquoi Boualem Sansal établissait un lien entre la barbarie nazie et l'islam radical. Il fallait évidemment délégitimer cette réflexion, en la déclarant sioniste...

Il y a donc vingt-cinq ans que Boualem Sansal critique le régime algérien. Que s'est-il passé pour qu'il soit arrêté mi-novembre 2024 ? Il avait déclaré précédemment dans le média *Frontières* que l'Algérie n'avait pas été un véritable État et que ses confins occidentaux d'aujourd'hui avaient été des terres marocaines. D'où l'accusation de collusion avec l'ennemi, en l'occurrence le Maroc, ou plutôt la coalition néocoloniale anti-algérienne dont le roi du Maroc est un serviteur et dont la France est un agent.

La presse s'est déchaînée contre la France et son président, d'autant plus attaqué qu'il a multiplié les mots et les gestes pour câliner l'Algérie. Puis a eu lieu un épisode particulièrement maladroit du « en même temps » : alors qu'il venait d'affirmer son soutien aux revendications marocaines sur le Sahara occidental, Emmanuel Macron a reconnu que le dirigeant historique du FLN, Larbi M'Hidi, avait été pendu en 1967 par les Français, et qu'il ne s'était pas suicidé, comme on l'avait prétendu. « Entourloupette », « coup de com' », « un crime sur un million » : ainsi réagiront certains Algériens, qui apprendront trois jours plus tard que le Goncourt reviendra à Kamel Daoud, pour un livre sur la guerre civile algérienne, sujet tabou entre tous...

Il était dès lors tentant, en arrêtant Boualem Sansal, devenu récemment citoyen français, de narguer notre pays dont la diplomatie peine à établir un rapport de force avec l'Algérie, aussi bien du fait du passé que de la crainte que le régime ne mobilise les Français musulmans d'origine algérienne, et que les Russes ne s'installent en Algérie. Tebboune n'a-t-il pas déclaré récemment que Poutine est un « bienfaiteur de l'humanité » ?

Nul ne sera par ailleurs étonné du silence de LFI, dont la mythologie mélenchonienne est celle-là même que proclament les dirigeants algériens qui, depuis des décennies, ont mis leur pays en coupe réglée, et dont l'admirable Boualem Sansal est aujourd'hui l'otage.

Richard Prasquier est médecin cardiologue, président d'honneur du Crif et du Comité français pour Yad Vashem.

Libération immédiate

Tahar Ben Jelloun

C'est une parole de liberté qui moisit aujourd'hui derrière les barreaux. Il y a chez notre ami Boualem Sansal une poésie naturelle, dans le geste et dans la parole. Une volonté de liberté dont il use avec joie et humour. C'est un écrivain qui prend au sérieux les mots, qui les manie avec talent et fantaisie.

Du monde, il a une vision lucide et courageuse. Il pense, cependant, que les valeurs humanistes sont plus fortes que les régimes totalitaires. Il pense qu'elles sauveront le monde. Il a lutté contre les extrémismes de tous bords. Il n'a jamais ménagé son temps et sa détermination pour démonter preuves à l'appui le système totalitaire des islamistes, qui ont détourné l'islam et ses valeurs.

Dire la vérité historique lui a paru une nécessité, une libération des faits tronqués. C'est compter sans un régime qui ne connaît pas la nuance, surtout quand elle émane de la vérité.

Boualem Sansal, c'est un poète en otage. Un écrivain privé de liberté pour poursuivre son œuvre. Il a encore des livres à écrire ; il a encore à nous faire voyager avec lui dans ses mondes, là où il anticipe une partie de l'évolution du monde.

Je lis cet écrivain depuis son premier roman. Dès le début, j'ai relevé chez lui une force et une originalité qui ne laissent pas de place au compromis. Son écriture est limpide, parfois complexe, souvent passionnante.

Boualem s'est senti autorisé, en tant qu'écrivain, à parler librement de ce qu'il pense, des valeurs qu'il défend, et de rappeler des faits historiques. Loin de lui l'idée de se voir arrêté et jeté en prison pour si peu.

On peut discuter avec lui de ses opinions. Certaines sont jugées extrémistes. Mais quand on croit au dialogue, on ne demande pas à avoir en face de soi un discours sur mesure. Et cela ne justifie absolument pas le fait d'être aujourd'hui poursuivi par un régime totalitaire dont les services ont été formés par la fameuse Stasi, la police secrète d'Allemagne de l'Est.

Boualem n'a commis aucun crime, comme dans le temps Sakharov et d'autres écrivains mis en prison pour leurs idées. Il a émis une opinion, a rappelé un fait historique concernant les frontières de son pays natal. Il n'a porté atteinte à personne ni à aucune institution.

Ce sont les régimes politiques vulnérables car impopulaires qui réagissent avec une telle brutalité. Que vaut l'appareil judiciaire qui sera à l'écoute des colonels ?

Boualem Sansal n'est pas un « voleur ». Il n'est pas un « homme sans identité » et « d'un père inconnu ». Ce sont les mots que le chef de l'État algérien a trouvés pour parler d'une grande figure de la littérature maghrébine.

À moins d'une mobilisation internationale impliquant des institutions comme l'Unesco, le Pen Club international, le secteur des Droits de l'homme aux Nations-Unies, et l'Union européenne, le cas de notre ami Boualem servira d'exemple à un régime qui n'aime pas ses écrivains et a toujours rêvé de les faire taire à jamais.

Pour ce qui est du soutien à Boualem, on a tous constaté qu'il y a des « mais » qui sont des condamnations déguisées. Le « oui, mais » de certains médias et hommes politiques est un scandale. Ils se trompent de combat. L'urgence pour le moment est de libérer Boualem Sansal, pas de lui faire un procès à propos de ses idées politiques. Qu'il sorte d'abord, et on pourra discuter avec un homme libre et en bonne santé.

Ceux qui ont émis un bémol dans leur pseudo-soutien ne se rendent pas compte à quel régime politique on a à faire. Ce ne sont pas des démocrates. Loin de là. Et tout soutien mou ne fera que convaincre le régime d'Alger qu'il a eu raison d'emprisonner cet écrivain.

***Tahar Ben Jelloun** est romancier, poète et peintre, membre de l'académie Goncourt, lauréat du prix Goncourt en 1987 pour* La Nuit sacrée.

En Europe, on est unis derrière Boualem Sansal… mais Rima Hassan reprend le discours d'Alger

François-Xavier Bellamy[4]

Sur les 605 députés présents au Parlement européen à midi, 533 ont voté en faveur d'une résolution demandant la libération du romancier franco-algérien Boualem Sansal, retenu par Alger depuis près de deux mois. La résolution demande aussi qu'une mission médicale puisse visiter l'homme de 80 ans atteint d'un cancer. Et elle vise les accords de partenariat entre l'Algérie et l'Union européenne que le gouvernement d'Abdelmadjid Tebboune souhaite renégocier. Entretien avec l'eurodéputé François-Xavier Bellamy qui s'est très tôt saisi du dossier.

— Comment cette résolution a-t-elle vu le jour ?

— Cette résolution est née des échanges que j'ai eus avec le Comité de soutien pour Boualem Sansal, auquel je participe, et avec l'avocat de Boualem Sansal, Me François Zimeray. Le constat est simple : la situation est bloquée par le conflit manifeste entre la France et l'Algérie. L'urgence est pourtant absolue, et tout doit être fait pour qu'il soit libéré le plus rapidement possible. Pour cela, il

4. Entretien réalisé par Rachel Binhas, paru dans *Marianne* le 23 janvier 2025.

est décisif de rallier le plus de forces possible, sur le plan européen et international.

Le but de cette résolution, que j'ai proposée il y a plusieurs semaines, est de montrer au régime qui le retient que la mobilisation autour de Boualem Sansal concerne toute l'Europe. Sa détention n'est plus un problème entre nos deux pays, elle est désormais une question européenne.

— **Quelles sont les coulisses de ce vote ?**

— Les principaux groupes au sein du Parlement européen ont souhaité s'associer au texte et mettre à l'ordre du jour la résolution. Avec Christophe Gomart, qui a mené les discussions, nous avons senti une véritable solidarité de la part d'élus de tous bords et de toutes nationalités. Le résultat du vote montre bien cette unité : la libération de Boualem Sansal dépasse tous les clivages, c'est une urgence humanitaire et un enjeu de principe – celui de la liberté d'expression et de la défense d'un écrivain emprisonné arbitrairement.

Le seul dissensus est malheureusement venu de France : Rima Hassan a déposé des amendements qui reprennent les éléments de langage du régime algérien. Elle y dénonce le fait que les « poursuites » visant Boualem Sansal seraient « instrumentalisées » par « des groupes d'extrême droite ». Et elle insiste sur l'importance du partenariat entre l'Algérie et l'Union européenne...

Le régime d'Alger a déployé un lobbying intense pour tenter de dissuader les députés européens de soutenir cette résolution. Des diplomates algériens ont fait le tour des bureaux à Strasbourg, expliquant que Boualem Sansal avait menacé l'intégrité du territoire algérien, et que la procédure contre lui était parfaitement normale. Les amendements de Rima Hassan reprennent mot pour mot leur discours.

Malgré ces efforts, avec 533 votes sur 605 présents, c'est une écrasante majorité qui s'est exprimée en faveur de la résolution. Rima Hassan a voté contre, comme plusieurs élus LFI ; Manon Aubry s'est abstenue. D'autres élus de leur propre groupe ont pourtant soutenu le texte... Dans son histoire, la gauche a longtemps combattu pour la défense des écrivains et des artistes contre des dirigeants oppresseurs. Une partie a choisi de renier de manière décomplexée cet héritage et cet engagement. Heureusement, tous les verts et les socialistes ont voté pour. Le parti allemand AFD s'est abstenu... L'Algérie a des défenseurs inattendus !

— La prochaine étape ?

— Avec ce vote, l'Europe montre qu'elle prend très au sérieux la situation de Boualem Sansal, et la dérive très grave du régime algérien dont elle témoigne. C'est la première fois qu'un message aussi clair et ferme est envoyé par l'Union européenne à l'Algérie. Tant que perdure cette violation des droits fondamentaux, il sera impossible de renégocier l'accord de partenariat, comme le demande l'Algérie. Avec une majorité aussi forte au Parlement, la Commission européenne ne pourra engager de discussions avec Alger sans cette exigence de principe. L'on doit mettre son poids économique et juridique pour obtenir le retour de Boualem Sansal.

François-Xavier Bellamy
est professeur de philosophie, député et chef de file des Républicains au Parlement européen.

L'Algérie ne peut que gagner à respecter la liberté du grand écrivain

Jean-Pierre Chevènement[5]

— Dans un entretien paru dans *L'Opinion*, dimanche 2 février 2025, le président algérien, Abdelmadjid Tebboune, vous cite parmi les « intellectuels et hommes politiques que [l'Algérie] respect[e] en France ». Que souhaitez-vous lui répondre ? La France et l'Algérie peuvent-elles surmonter la brouille qui semble s'être installée entre elles ?

— La France et l'Algérie ont une relation passionnelle liée à l'histoire, mais leur intérêt consiste à surmonter les polémiques et les surenchères. Il y a, en effet, environ trois millions d'Algériens ou de Franco-Algériens en France. Nous sommes le principal partenaire de l'Algérie au nord de la Méditerranée. Et l'Algérie est indéniablement le pays le plus important pour la France en Afrique, dans la mesure où elle trouve en elle un débouché significatif pour ses exportations. Le total des échanges commerciaux bilatéraux représente près de douze milliards d'euros par an, un chiffre en augmentation.

L'histoire a par ailleurs montré, depuis le début des années 1990, que Français et Algériens avaient de puissants intérêts communs en

5. Entretien réalisé par Martin Bernier, paru dans *Le Figaro* du 5 février 2025.

matière de renseignement et de lutte contre la radicalisation islamiste et le djihadisme. J'ajoute, enfin, que la France vient de battre un énième record en matière d'immigration légale, avec 336 700 premiers titres de séjour délivrés en 2024 (+ 1,8 %). Les Algériens en sont, au total cumulé, les premiers bénéficiaires. La nécessaire réduction des flux migratoires à destination de la France ne peut donc passer que par une politique de coopération confiante avec l'Algérie.

— Quelles sont les conditions de la reprise d'un dialogue entre Paris et Alger ?

— Les conditions de reprise d'un dialogue sain consistent à affirmer clairement, comme l'a d'ailleurs fait Bruno Retailleau, que l'objectif est de parvenir à une normalisation. J'invite nos amis algériens à relire son récent entretien dans *L'Express*. Le ministre de l'Intérieur parle bien de l'objectif d'une normalisation, d'une relation d'égal à égal. Il ne cherche par conséquent pas la surenchère, mais le dialogue. Pour pouvoir se parler, il faut d'abord se respecter, et respecter les règles de droit, applicables par exemple en matière de droits de la défense. Cela vaut bien sûr pour Monsieur Boualem Sansal qui, pendant la décennie noire (1992-2002), s'était rangé clairement parmi les partisans de la liberté. Il a aujourd'hui le droit de voir son avocat. Et il est même nécessaire qu'il puisse le voir dès que possible. L'Algérie s'y grandirait.

Plus largement, il nous faut sortir des embrouillaminis passionnels et renouer avec l'intérêt commun. Or pour l'Algérie comme pour la France, l'intérêt commun consiste à nouer des relations solides et franches. C'est ainsi du moins que le général de Gaulle l'avait vu en assignant à notre politique vis-à-vis de l'Algérie l'objectif de la coopération. Ce n'est pas insulter le passé que de rappeler l'orientation qu'il a payée de sa personne puisque, à deux reprises, il a failli être assassiné par les tenants de l'OAS. J'invite nos amis algériens à s'en souvenir.

— Au mois de novembre, vous déclariez : « Je presse l'Algérie, un pays qui connaît le prix de la liberté, à respecter la liberté d'expression et d'opinion, en particulier celle d'un écrivain. Les autorités algériennes s'honoreraient de libérer, sans tarder, Boualem Sansal. » Le président Tebboune reste elliptique sur son sort, déclarant que « Boualem Sansal n'est pas un problème algérien » et que « c'est une affaire scabreuse visant à déstabiliser l'Algérie ». Que souhaitez-vous lui dire ?

— Ma position est toujours la même. Je pense que l'Algérie ne peut que gagner à respecter la liberté du grand écrivain qu'il est. Rappelons-nous de Gaulle à propos de Jean-Paul Sartre en 1960 : « On n'emprisonne pas Voltaire ! » J'invite le président Tebboune à s'inspirer de cette pensée.

La relation franco-algérienne est précieuse à terme pour l'Europe comme pour l'Afrique. Je me souviens d'un propos de l'évêque d'Oran lors d'une visite de Bernard Cazeneuve en Algérie, au printemps 2017 : « La France et l'Algérie n'hésitent pas à se blesser mutuellement. L'originalité de ces blessures est qu'elles sont de celles que ne peuvent s'infliger que de véritables amis. » Sachons ne pas en rajouter et céder à de futiles provocations, à l'image de ce ministre algérien du Travail et de la Sécurité sociale qui, quelques années plus tard, déclarait : « La France restera l'ennemi traditionnel et éternel de l'Algérie. » J'aurais aimé qu'il soit démenti par son gouvernement, car il n'en est pas ainsi pour des millions de Français qui apprécient les qualités, notamment de courage, du peuple algérien.

Jean-Pierre Chevènement *a été maire de Belfort, député, sénateur et ministre d'État. Il est aujourd'hui président d'honneur de la Fondation Res Publica.*

3 LA CONTROVERSE FRANÇAISE EN FILIGRANE

« L'histoire des religions nous l'enseigne, la prière, le jeûne, le pèlerinage et toutes les bonnes dévotions ne suffisent pas pour consommer le trop-plein d'énergie divine, il faut aussi se lancer dans la conquête du monde et le châtiment des mécréants. Il n'y a qu'un système qui peut nous sauver de ce processus funeste et mettre tout le monde à l'abri des croyances de certains : la laïcité. Est-ce si sûr, la France laïque est-elle à l'abri de ses intégristes ? La laïcité est une condition nécessaire mais non suffisante, c'est cela que j'ai dit. Il y a encore tant à faire pour que la liberté, l'égalité et la fraternité soient le pain de chaque jour pour tous… En attendant, chez nous, entre nous, empressons-nous de mettre un peu de laïcité dans notre thé, ce sera ça de gagné. »

Boualem Sansal, *Poste restante : Alger. Lettre de colère et d'espoir à mes compatriotes*, Gallimard, 2013.

L'affaire d'un seul doit devenir l'affaire de tous

Alain Finkielkraut[1]

— **Quels sont vos rapports avec l'œuvre de Boualem Sansal ?**

— Je connais peu Boualem Sansal. Je l'ai invité naguère à mon émission « Répliques ». J'ai toujours eu une profonde admiration pour lui. Aujourd'hui, il me fait penser à Alexeï Navalny : même courage, même droiture, même refus de plier devant la terreur. Son héroïsme nous oblige, son destin nous concerne. Comme il le répète inlassablement, nous sommes nous-mêmes exposés à la menace islamiste. Intellectuels, politiques, citoyens de tous bords, il nous incombe de remuer ciel et terre pour obtenir sa sortie de prison. L'affaire d'un seul doit devenir l'affaire de tous.

Avec Jean-Christophe Ruffin, Patrick Grainville et Dominique Bona, j'ai plaidé pour l'élection de Boualem Sansal à l'Académie française. Sans succès, hélas. La peur d'envenimer la situation par une initiative inconsidérée a prévalu sur la volonté de faire un geste fort pour Boualem Sansal. La raison a mis le réflexe au pas. Mais est-ce vraiment la raison ?

— **À l'emprisonnement de Boualem Sansal, des personnalités françaises ont répondu par des protestations très vives, par des protestations plus molles, par des protestations très ambiguës. Beaucoup**

1. Entretien réalisé par Quentin Verwaerde et David Reinharc.

n'ont pas protesté du tout. Quelle signification donnez-vous à cette variété de réponses et que disent-elles de la France contemporaine ?

— J'aurais aimé que la solidarité avec l'écrivain incarcéré fût unanime et bruyante. Tel n'a pas été le cas, malheureusement. Outre la frilosité du Quai Conti, il y a eu notamment cette effarante émission du service public, « C politique », où trois chercheurs sur quatre invités ont critiqué Boualem Sansal. Certes, ils s'offusquaient de sa détention. Mais, disaient-ils en substance, Sansal a offensé le sentiment national algérien et, qui plus est, dans un magazine d'extrême droite. On a retrouvé, d'ailleurs, cette terminologie dans le quotidien de référence. Boualem Sansal a osé affirmer que la partie de Sahara occidental revendiquée par l'Algérie était en fait un territoire marocain. Je ne m'aventurerai pas moi-même sur cette question, mais le grief du gouvernement algérien – il a trahi sa patrie – a été complaisamment relayé en France. La députée insoumise Rima Hassan, pour qui Israël est « une monstruosité sans nom », a même choisi de voter contre la résolution du Parlement européen exigeant la libération immédiate de Boualem Sansal. Voilà où conduit le cynisme électoraliste des porte-parole de la « nouvelle France ». Sous couleur de xénophilie, ils sont sans vergogne.

J'ajoute que Boualem Sansal dénonce, dans ses interventions et dans ses livres, l'islamisme. Il voit celui-ci conquérir l'Europe. Or, aujourd'hui dans notre pays, la critique de l'islamophobie est au cœur du discours bien-pensant. Les éditions du Seuil se sont portées à la tête de ce combat, avec le livre ignoble d'Aurélien Bellanger *Les Derniers Jours du Parti socialiste.* L'auteur s'en prend au Printemps républicain, qu'il accuse d'avoir fait passer la gauche à droite et d'avoir introduit le fascisme en France. Il dit même que l'attentat de Charlie Hebdo a été l'occasion de faire une juteuse opération de relations publiques. Il souligne l'« étrange satisfaction » que ce massacre aurait procuré à Philippe Val et à Laurent Bouvet, le fondateur du Printemps républicain. Daniel Schneidermann, le surveillant général des médias, reprend à son compte cette calomnie abjecte dans *Le Charlisme*, un livre publié, là encore, par les éditions du Seuil. Dix ans après l'attaque qui a coûté la vie à Charb, Wolinski, Cabu, Bernard Maris et quelques autres, *Charlie* est à nouveau sur la sellette. Et ceux qui en défendent l'esprit, comme Philippe Val ou Caroline Fourest, sont traînés dans la boue.

Salman Rushdie a écrit naguère : « Quelque chose de nouveau était en train de se produire, la montée d'une nouvelle intolérance. Elle se répandait à la surface de la terre mais personne ne voulait en convenir. Un nouveau mot avait été inventé pour permettre aux aveugles de rester aveugles : l'islamophobie. » Ce mot est brandi aujourd'hui par la gauche tout entière contre les héritiers de *Charlie,* mais aussi, évidemment, contre Boualem Sansal, parce qu'il a le tort de regarder la réalité en face. Pour les antiracistes déclarés, le seul ennemi est l'extrême droite, et Boualem Sansal a beau être lui-même algérien, il est dans le mauvais camp.

— Boualem Sansal est un intellectuel nord-africain qui refuse le discours anti-colonial. En quoi est-il une exception dans la société française ?

— Lui et Kamel Daoud ensemble rejettent la pensée décoloniale. Une pensée si puissante en France qu'elle a conduit le président de la République lui-même à dire que le colonialisme était un crime contre l'humanité et que la France devait continuer à l'expier pour se réconcilier avec l'Algérie. C'est, excusez-moi du terme, du foutage de gueule. L'Algérie est un pays riche, immensément riche. Mais sa population est pauvre à cause du parti au pouvoir depuis l'indépendance : le FLN, c'est l'incompétence et la tyrannie alliées à une gigantesque corruption. Et la France est le bouc émissaire commode de cet échec total. Pour éviter d'affronter ses propres problèmes, sa propre incurie, ses propres turpitudes, le gouvernement algérien montre la France du doigt, et dénonce le génocide qu'elle aurait commis. Toute cette *nomenklatura* vient se faire soigner grâce aux passeports diplomatiques dans le pays qu'elle voue aux gémonies. Et tous les Algériens qui le peuvent viennent peupler les Bouches-du-Rhône ou l'Île-de-France, parce qu'ils ont le sentiment de n'avoir aucun avenir chez eux. Pour le bien même des Algériens, la France doit cesser de payer à l'Algérie la rente mémorielle qu'elle lui verse sans discontinuer depuis plus de soixante ans.

Boualem Sansal nous avait alertés sur ce mensonge et sur ce scandale. À nous de prendre acte de sa lucidité et de tout faire maintenant pour l'arracher aux griffes du pouvoir algérien.

***Alain Finkielkraut**, membre de l'Académie française, est philosophe et essayiste. Il vient de publier* Pêcheur de perles *aux éditions Gallimard.*

À ceux qui accusent Boualem Sansal de suprémacisme et d'appartenir à l'extrême droite

Élisabeth Badinter

Ceux-là se trompent et nous trompent. Boualem Sansal s'adresse par la parole et ses livres à tous les Français, quelles que soient leurs origines, leurs options politiques et religieuses. Il ne tient pas un discours idéologique, il témoigne de faits, du réel, et donc de la *vérité.* Il nous met en garde contre les effets de la montée en puissance du terrorisme islamiste dans notre pays, que certains feignent de ne pas voir, et contre lequel d'autres refusent d'agir.

Sa légitimité tient au vécu qu'il partage avec des millions d'Algériens, et surtout à cette vertu cardinale toujours rare : le courage. Parler haut, s'opposer à cette pieuvre sanguinaire qu'est le terrorisme islamiste peut valoir la mort. Pas seulement celle des réseaux sociaux, mais la vraie, par décapitation ou toute autre arme de guerre. Cependant, le silence ne suffit pas toujours à se protéger, comme le montrent les massacres collectifs et aveugles dont les musulmans français sont aussi les victimes.

Non, Boualem Sansal n'est ni suprémaciste ni d'extrême droite comme l'en accuse, toute honte bue, la partie la plus bruyante de l'extrême gauche. *Lui* a vécu l'atroce guerre civile des années 1992-2002 qui a opposé le gouvernement algérien aux tueurs islamistes fanatiques dont plus personne ne parle aujourd'hui. La peur impose silence sur les dizaines de milliers de morts, les milliers de disparus, le million de personnes déplacées et exilées, pensant trouver la paix dans les démocraties occidentales. Il est formellement interdit d'évoquer les faits en Algérie : ils sont donc quasiment inconnus de la plupart des Français. Et pourtant, ne serait-il pas salutaire d'enseigner dès le collège l'histoire des fanatismes religieux mortifères d'hier et d'aujourd'hui, du massacre des protestants à la Saint-Barthélemy, au XVIe siècle, à ceux, nombreux, qui ont inauguré le XXIe siècle ?

Pourquoi vouloir faire de nos courageux lanceurs d'alerte l'incarnation du salaud et du traître, auxquels on ne serrerait pas la main sous prétexte d'« islamophobie » (qui désigne la peur et non la haine de l'islam), sinon pour ramasser les voix de nombre de musulmans de banlieue ? Pour montrer aussi que l'on incarne les idéaux humanistes de la gauche sociale et morale de jadis, alors que leurs actes et leur silence prouvent le contraire…

Ce sont eux qui veulent déconsidérer ceux qui nous annoncent l'arrivée d'un futur qui fut leur passé, parce que les mêmes causes produisent les mêmes effets.

Guy Béart avait vu juste lorsqu'il chantait :

« Le premier qui dit la vérité
Il doit être exécuté. »

***Élisabeth Badinter** est philosophe, historienne et essayiste. Ses travaux portent sur l'histoire des idées, les Lumières et les questions de genre. Figure du féminisme universaliste, elle est l'auteur de plusieurs ouvrages de référence, dont* XY, De l'identité masculine *et* L'Amour en plus.

Larme à gauche

Raphaël Enthoven[2]

Il y avait des gens à gauche pour ne pas soutenir le « grand bourgeois » Dreyfus. Il y avait des gens à gauche pour défendre les procès de Moscou, ou bien attaquer Soljenitsyne. Aujourd'hui, il y a des gens à gauche qui votent contre la résolution du Parlement européen pour demander la libération de Boualem Sansal. En France, ils sont quatre : Emma Fourreau, Anthony Smith, Arash Saeidi et Rima Hassan. Laissons de côté les seconds couteaux pour nous intéresser au cas de cette dernière.

Pour sa défense, l'activiste franco-syrienne reprend, à la lettre, les arguments du pouvoir algérien.

1. *L'homme n'a pas été arrêté pour ses œuvres, mais pour ses propos sur la colonisation de l'Algérie.* Comme si cela justifiait son arrestation.

2. *Boualem Sansal « reprend la rhétorique du Grand Remplacement ».* Un grossier mensonge que propagent ceux qui n'ont pas lu une ligne de ses romans.

3. *Le texte de la résolution* (qui « condamne l'arrestation et la détention de Boualem Sansal et réclame sa libération immédiate et inconditionnelle », comme celle de toute personne ayant exercé son droit à la liberté d'expression) *serait hostile à l'Algérie* (ce qui est faux) *et il a été approuvé par l'extrême droite* (ce qui n'a pas dissuadé les Insoumis, en France, de voter la censure du gouvernement Barnier).

2. Texte initialement paru dans *Franc-Tireur* le 29 janvier 2024.

4. Le sommet : *Le respect des droits fondamentaux de Boualem Sansal n'est pas garanti par le texte de la résolution !* En somme, c'est par humanité qu'on défend son incarcération.

5. *Boualem Sansal n'est français que depuis quelques mois.* Et donc ?

6. *Ce n'est pas à sa libération qu'on s'oppose, mais à l'instrumentalisation d'une telle demande par ceux qui ont un agenda anti-algérien.*

La nullité spectaculaire de ces arguments, dont aucun d'eux ne justifie, de près ou de loin, qu'on vote contre la libération d'un écrivain, renseigne sur une chose : ce n'est pas l'examen des faits qui les porte à ce vote scélérat, mais bien le choix de privilégier les intérêts algériens sur le principe de liberté d'expression. Rima Hassan, les trois pignoufs qui l'ont suivie et les vingt autres députés qui ont voté contre se conduisent en agents d'une puissance étrangère que Rima Hassan présente comme « la Mecque des révolutionnaires et de la liberté ».

Qu'on s'abstienne, comme les Insoumis Younous Omarjee ou Manon Aubry, passe encore. Quand on fait partie d'un mouvement politique dont l'unique stratégie depuis des années consiste à créer un électorat musulman pour le séduire en lui faisant croire que le blasphème est une œuvre de haine, que la République est raciste, il est sinon normal, du moins compréhensible, de ne pas voter pour la libération de la bête noire des islamistes. La démagogie a ses raisons que l'humanisme ne connaît pas. Soit. C'étaient les mêmes qui se taisaient quand Salman Rushdie reçut des coups de couteau. Mais qu'on vote CONTRE, c'est un geste qui, sous des prétextes lamentables, ressuscite une gauche médiévale et manichéenne, qui suspend ses causes à l'identité des victimes et soude à nouveau le progressisme à la tyrannie. Dans un monde plus juste, les députés européens qui ont voté contre la libération d'un écrivain seraient unanimement, sans débat et sans appel, tenus pour indignes et, loin de plastronner, de s'expliquer ou de se donner des excuses, iraient se cacher, le rouge de la honte au front.

***Raphaël Enthoven** est professeur de philosophie, journaliste et conseiller de la rédaction de* Franc-Tireur. *Il vient de publier* L'Esprit artificiel *aux Éditions de l'Observatoire.*

Une pétition pour Sansal ?
Houla ! Mais on va me
traiter de néocolonialiste !

Un homme libre détesté par une certaine gauche

Renée Fregosi

On craignait pour lui, pour sa sécurité, pour sa vie même, chaque fois qu'il retournait en Algérie. Mais cela restait quelque chose d'abstrait. À chacun de ses retours en France, cela nous semblait un petit miracle. Mais nous nous y étions habitués. Et puis voilà que le 16 novembre 2024, Boualem est porté disparu. On a perdu sa trace à son arrivée à l'aéroport d'Alger. On redoute le pire, la police secrète de la dictature, les islamistes ; les deux associés, comme par le passé, dans une sombre combinaison ? C'est le *black-out.* Comme le dit Rachel, le brillant « matheux » du *Village de l'Allemand*, Boualem Sansal « est entré de manière quantique dans un espace non euclidien ». Il devient un personnage de ses romans qui tissent tous les fils de l'histoire, entre nazislamisme et stalinationalisme algérien.

La logique de l'autoritarisme est toujours tortueuse, arbitraire, et sa pratique potentiellement tortionnaire et meurtrière vise à terroriser. Finalement, les autorités informent que Boualem Sansal a été arrêté et est accusé d'atteinte à la sûreté de l'État. On le dit en prison, puis à l'hôpital pénitentiaire ; ses avocats ne peuvent pas le rencontrer ; on s'inquiète pour sa santé, que l'on sait fragile. Absurdité, cynisme, arrogance, cruauté d'un pouvoir violent et rageur qui s'en prend à un être si doux, un écrivain, un poète, un amoureux de la langue française et des nombres.

On apprécie son style haletant, virevoltant, à la fois incisif et onirique. Mais Boualem Sansal est également intarissable sur les nombres premiers, les nombres irrationnels, les nombres remarquables, les nombres complexes, les nombres réels. Il en parle avec tendresse et complicité, il les caresse, joue avec eux, et la nappe de papier blanc de ce banquet se couvre d'arabesques en chiffres et de formules cabalistiques. Puis nous voilà partis dans les généalogies : la sienne renvoie aux deux rives de la Méditerranée, de l'Espagne à la Kabylie, du Maroc à la France, et jusqu'à Jérusalem, qu'il parcourt aussi parfois en souvenir de ce frère Daoud-David, et du « vieux rabbin poussiéreux » de la *Rue Darwin*. Comme Mounia, Boualem ouvre alors « une brèche dans l'espace-temps ».

Le conteur nous entraîne dans les méandres de notre propre mémoire, et nos nostalgies s'entremêlent entre ombres et soleils méditerranéens. Et puis le présent nous attrape par la manche, et nous revoilà partageant notre révolte contre tous ces autoritarismes qui se renforcent aujourd'hui, tous azimuts. Les islamistes et leur fascination/répulsion pour le sexuel, les dictateurs, fanfarons ou discrets, kleptocrates, psychopathes sanguinaires, et aussi partout ces justiciers autoproclamés victimaires et revanchards, tous attentant à notre liberté de penser, de parler, d'aimer, de vivre.

Mais le plus choquant sans doute, pour les tenants d'une gauche libérale et démocratique qui préfère toujours Camus à Sartre, ce sont les attaques portées contre Boualem Sansal par une autre gauche, ou prétendue telle. En France tout particulièrement, la gauche dite « révolutionnaire » a depuis toujours une influence importante. Son emprise sur l'ensemble de la gauche et sur le monde intellectuel et politique en général a fluctué selon les époques, mais s'est plus ou moins maintenue à flot. Aujourd'hui, la gauche politique « radicale », caractérisée par un islamo-wokisme agressif, domine le champ culturel, parvenant, selon le concept gramscien, à l'*hégémonie*, et ses performances électorales ont atteint les hautes eaux de l'apogée communiste des années 1950-1960.

Cette gauche autoritaire, considérant la violence comme révolutionnaire en soi, a substitué la figure du « Palestinien » à celle du prolétaire comme emblème du « damné de la terre » à défendre par tous les moyens, selon le principe bolchevique de « la fin justifie les moyens ». Le « Palestinien » n'est pas un individu réel, Arabe de la Palestine mandataire, mais un être mythique qui subsume le musulman, supposé victime d'« islamophobie », l'Arabe supposé victime de « racisme systémique », l'immigré, le colonisé, le « dominé » en un mot, supposé victime de l'Occidental, du « Blanc », et tout particulièrement de ce « super Blanc » que serait le Juif, hier supplétif des colons français en Algérie et supposé aujourd'hui « colonisateur » israélien.

Or, il se trouve que Boualem Sansal s'élève contre cette vision fantasmatique de l'idéologie propalestiniste, qui est devenue aujourd'hui le cœur de doctrine de la gauche néobolchevique. Algérien, il ne se conforme pas à l'archétype du dominé. S'il subit une oppression, elle vient non pas de la France, de sa culture, de sa langue, de sa philosophie des Lumières qu'il a pleinement adoptées, mais, d'une part, de l'offensive islamiste, qui s'est livrée dans les années de plomb algériennes à un véritable génocide de l'intelligentsia de son pays, et d'autre part du régime autoritaire algérien. Et, suprême turpitude aux yeux de cette gauche antisémite, comme pour le pouvoir algérien et bien sûr les islamistes, Boualem aime se rendre en Israël.

Alors, cet homme libre est conspué par cette gauche qui évidemment instruit contre lui un procès en sorcellerie, autrement dit brandit l'accusation d'extrême-droitisation. Benoîtement, prenant un air contrit au regard chafouin, ces procureurs de la nouvelle Inquisition susurrent sur les plateaux de la télévision publique française, où ils ont table ouverte, que cet écrivain du diable a bien cherché ce qui lui arrive. Que la geôle lui soit fatale ne leur importe nullement ; la défense des Droits de l'homme ne serait-elle pas un artifice de cette culture bourgeoise, un instrument de « domination » de l'Occident sur le Sud global ?

Face à cette conviction idéologique délirante, nous refusons que, par conformisme, lâcheté ou naïveté, nos « sociétés murmurent », comme le disait déjà Boualem Sansal en 2015. Nous clamons haut notre soutien à Boualem Sansal, et réclamons sans répit sa libération sans condition. Car lui n'abdique pas. Combattant résolu de la laïcité, contre les dogmes séculaires et le politiquement correct des nouvelles religions séculières, foncièrement libertaire, libre-penseur et mathématicien rêveur, Boualem Sansal est en train de devenir l'étendard de tous ceux qui résistent à l'autoritarisme sous toutes ses formes. Les gris généraux algériens devraient le faire libérer au plus vite avant de devenir eux-mêmes, aux yeux du monde entier, le symbole de tous les autocrates à abattre.

***Renée Fregosi** est philosophe et politologue, présidente du CECIEC (Centre européen pour la coopération internationale et les échanges culturels). Dernier ouvrage paru :* Cinquante nuances de dictature. Tentations et emprises autoritaires en France et ailleurs, *éditions de l'Aube, 2023.*

De Camus à Sansal, le même procès

Georges-Marc Benamou

C'est Catherine Camus qui me fit connaître Boualem Sansal, au début des années 2000. Elle m'en parla comme d'un *ami camusien* qu'il fallait découvrir ; un membre de cette fraternité, réelle, sourde et méconnue, qui s'est faite depuis des décennies autour de l'auteur de *L'Étranger*.

Je lus *Le Village de l'Allemand* alors que je travaillais sur la guerre d'Algérie, et je compris ce qu'elle voulait dire ; et quel grand écrivain était Boualem Sansal.

À travers ce qu'on pourrait appeler une micro-histoire (un ancien nazi dans un village d'Algérie), Sansal était passé de l'autre côté du miroir de l'angélisme anticolonialiste. Une bombe au pays du FLN et de ses légendes pieuses.

Et si, à l'heure où j'écris, il faut hurler, se mobiliser, tout faire pour obtenir la libération de Sansal, il ne faut pas s'étonner, au fond, que, deux décennies et quelques livres plus tard, le pouvoir algérien de M. Tebboune décide de l'embastiller, entraîné dans sa surenchère anti-française. Les généraux algériens n'aiment ni la littérature, ni les écrivains qu'ils soupçonnent d'être « au service de la France ». Qu'il s'agisse hier de Jean Sénac, ce grand poète anticolonialiste, assassiné au lendemain de l'indépendance, comme aujourd'hui de Sansal ou de Kamel Daoud, ciblé lui, plus encore – c'est un comble ! – depuis son prix Goncourt. Manière de les abattre ; d'en faire des apatrides, des âmes errantes.

De plus, ce qui est inquiétant, dans cette affaire, c'est que la dictature d'Alger ait trouvé, en France, tant d'alliés pour tenter d'étouffer le scandale de cet emprisonnement arbitraire d'un écrivain franco-algérien. Ainsi, à l'annonce stupéfiante de l'arrestation de Sansal, le premier réflexe de certains médias, et de la gauche radicale ou écolo, n'a pas été de se porter à son secours (ce qui est élémentaire dans une démocratie), mais au secours du *pouvoir algérien*. En sorte que le débat s'est porté sur la question de savoir si Sansal était digne ou non d'être défendu. On les a donc vus, à LFI et ailleurs, disséquer et soupeser le « cas Sansal », comme on le faisait jadis à Moscou, ou dans les cercles totalitaires au XXe siècle. Mme Rousseau, députée écologiste bien connue, décréta, du haut de son maigre magistère, et sans l'avoir lu, que les propos de Boualem Sansal « relèvent du suprémacisme ». On a rarement trouvé argument plus indigent. Tels députés du Nouveau Front populaire qui, faute là encore de véritables griefs contre Sansal, accolèrent au CV de l'écrivain l'infamie suprême et disqualificative : « Boualem Sansal est soutenu par la droite et l'extrême droite. » Partout, dans ces rangs-là, la même ignoble petite musique : le même vieux réflexe pavlovien qui évacue toute réflexion, toute indignation. Boualem Sansal serait « soutenu par la droite et l'extrême droite ». Le sceau de l'infamie ainsi posé, l'affaire serait réglée pour eux...

Cette sinistre petite musique, jouée par cette gauche-là, en rappelle une autre.

Ces robots amnésiques tentent le même procès que celui qui fut intenté contre Albert Camus, dès la sortie de son essai anti-totalitaire *L'Homme révolté*. Les bien-pensants marxistes des années 1950, agités par Sartre et Beauvoir contre Camus, n'agissaient pas autrement : ils traitaient de « fascistes », d'« hitléro-troskystes » ou d'« impérialistes » leurs ennemis, qui dénonçaient le goulag, Staline, ou l'intervention soviétique de 1956 en Hongrie. Ils tentaient de jeter sur eux ce même voile d'infamie aisé. Reste aux hommes et aux femmes d'ici et maintenant qui réclament la libération de Boualem Sansal de ne plus se laisser intimider. Depuis le grand Camus, nous avons appris.

Georges-Marc Benamou
est écrivain et producteur de films.

Le résistant

Alexandre del Valle

Boualem Sansal, né en 1949 à Tlemcen, en Algérie, diplômé en mathématiques avant de se tourner vers l'écriture, et devenu français sur le tard, s'est fait connaître pour ses prises de position courageuses contre l'islamisme. Son œuvre est profondément marquée par son expérience de la guerre civile algérienne des années 1990, durant laquelle des groupes islamistes et djihadistes (FIS, AIS, GIA, GSPS, etc.) ont plongé le pays dans un état de terreur inégalée même pendant la guerre d'indépendance. Parmi ses romans les plus célèbres, on peut citer *Le Serment des barbares* (1999), qui analyse l'horreur de cette guerre civile (150 000 morts) et la montée de l'islamisme radical. Ou encore *2084, la fin du monde* (2015), roman de politique-fiction dystopique qui, en s'inspirant en partie du *1984* de George Orwell, décrit le totalitarisme islamiste à travers les ressorts d'une société totalitaire contrôlée par une religion absolue.

Sansal s'est toujours distingué par ses prises de position en faveur des valeurs républicaines, de la laïcité et de la liberté d'expression, mais aussi de la France en tant que nation, dans un contexte où l'islamisme radical a gagné le combat intellectuel depuis des décennies dans de nombreux pays musulmans, y compris en Algérie, en pleine régression obscurantiste après des décennies de propagande des Frères musulmans et des salafistes-wahhabites. Ces derniers ont littéralement métamorphosé et défiguré le monde musulman sunnite. La religiosité a été politisée et standardisée à la lumière d'un islam wahhabite ou fériste en réalité fort différent de l'islam maraboutique traditionnel des grands-pères et des pères, désormais ringardisés et frappés de mécréance par les nouveaux Torquemada fréro-salafistes qui ont pénétré et gangrené de l'intérieur l'Algérie depuis l'ère Bouteflika, notamment. Malgré les pires pressions et les menaces continuelles, Boualem Sansal n'a jamais cessé de s'opposer vigoureusement à l'idée d'un retour à une société fondée sur une vision totalitaire et de plus en plus englobante de l'islam. Il n'a jamais cessé de décrire avec calme et sans concessions ni compromissions cette menace existentielle, selon lui, pour les valeurs modernes et universelles de liberté, d'égalité et de fraternité, ainsi que pour l'État-nation en général, que les internationalistes islamistes vomissent. Sansal voit dans cette idéologie néo-totalitaire et néo-impériale une forme de « totalitarisme religieux » qui écrase la liberté individuelle et la diversité des opinions, puis qui prospère sur le ressentiment, la haine des boucs émissaires mécréants, apostats et blasphémateurs débusqués partout, et donc sur une forme de racisme paranoïsant envers les Autres. Plus grave encore, selon ses détracteurs occidentaux et Français progressistes qui ne l'ont pas défendu et l'ont même parfois accablé après son arrestation en Algérie, Boualem Sansal n'a pas eu peur d'établir, ces dernières années, des liens entre l'islamisme radical et l'islam, démontrant que le totalitarisme islamiste et le djihadisme puisent leurs sources dans l'islam classique et orthodoxe en vigueur, celui-là même qui est enseigné, banalisé et transmis, y compris en France, aux jeunes générations. La violence théologique canonique de l'islam sunnite, loin d'être freinée ou bloquée en Europe, est enseignée sur le sol même des démocraties sécularisées et dites libérales dont les élites ont trahi de la sorte les valeurs de la pensée rationaliste universelle des Lumières. Une nouvelle trahison des clercs, pour paraphraser Julien Benda.

Le combat de Sansal, que j'ai eu l'honneur de partager modestement en recevant avec lui, en 2023, le prix suisse-italien remis aux auteurs d'essais dédiés à la lutte contre l'islamisme radical, est un combat éminemment universel entrepris sur les deux rives de la Méditerranée, avec comme postulat que ce qui arrive en Europe est inséparable de ce qu'il s'est produit depuis les années 1980 dans les pays islamiques. Boualem estime fondamentalement que la montée de l'islamisme radical menace les libertés fondamentales, non seulement en Algérie et dans les pays musulmans, premières victimes dans l'ordre et en nombre, de ce totalitarisme, mais aussi en Europe de l'Ouest, et en particulier en France. Sachant qu'il a pu choquer et surtout gêner les élites occidentales qui nous ont conduits à la situation actuelle dramatique, Sansal affirme depuis des années que l'islamisme finira par triompher en Europe et en France si rien n'est fait pour l'empêcher, validant par là à demi-mot, mais avec bien plus de hauteur et d'arguments, le diagnostic de Houellebecq dans *Soumission*, voire celui du Grand Remplacement, même s'il n'a jamais utilisé ce terme dans ses écrits, très argumentés, car le remplacement qu'il annonce n'est pas ethnique, mais politico-religieux. L'autre postulat, philosophico-politique, de Sansal, et qui l'apparente à la pensée dite des « minorités » de « l'école italienne des élites » (Machiavel, Gaetano Mosca, Vilfredo Pareto et Roberto Michels), est que « les minorités organisées », en l'occurrence les islamistes califalistes, parviennent toujours, dans l'histoire, à « dominer des majorités désorganisées » (Mosca).

En raison de ses prises de position, il est devenu un homme indésirable en Algérie, voire, pour certains, l'homme à abattre, le « traître » à son pays et à sa religion, le suppôt de la France coloniale, le complice des « impérialistes » occidentaux et des sionistes... Le gouvernement algérien l'a souvent attaqué et l'a censuré, avant de l'arrêter, lui qui se savait menacé dans son pays mais qui y vivait la plupart du temps et ne voulait pas vivre en exilé, préférant risquer l'arrestation et braver les menaces de mort. Chapeau bas. Honneur et fidélité. En 2005, par exemple, son livre *Le Serment des barbares* a été retiré de la vente dans son pays. Il a également été la cible de menaces extrêmement violentes et caractérisées de la part d'islamistes radicaux pour son roman *2084*. Par son courage, la force de ses écrits, son refus de céder à la peur et aux pressions, Boualem Sansal incarne la résistance intellectuelle et morale la plus avancée et la plus courageuse face à la fois à l'islamisme radical et à la bien-pensance, face aux régimes répressifs, et même aux forces politiquement correctes d'Occident et de France. Celles-ci l'ont peu et tardivement défendu, et même souvent abandonné. Pire, lorsqu'il a été arrêté, les médias ont laissé s'exprimer contre lui maints « chercheurs » du CNRS ou sociologues franco-algériens néo-obscurantistes qui ont déploré – comble du chercheur scientifique – sa critique systématique de l'islam, et pas seulement de l'islamisme ; d'autres l'ont accusé d'être allé dédicacer ses ouvrages et prononcer des conférences à l'invitation d'associations françaises réputées « de droite » ou « pro-sionistes ». En fait, il a payé très cher le fait d'avoir mis un point d'honneur à accepter de parler partout, en homme libre qui ne calcule pas ses apparitions à la seule aune de l'intérêt médiatique et réputationnel. Certes, au risque que sa pensée soit caricaturée et assimilée à tort aux mouvances souverainistes-identitaires discréditantes. Boualem, qui a aussi parlé très souvent en milieu musulman, maghrébin, progressiste et même gauchiste, a toujours refusé de se justifier, de s'excuser, et n'a cessé d'avancer droit dans ses bottes, poursuivant son combat sans se soucier des instrumentalisations ou accusations inévitables qui sont le fait de tous les hommes libres. À la différence de tous ses pairs, y compris d'autres presque aussi vaillants que lui comme Abdelwahab Meddeb ou Kamel Daoud, il n'a jamais cherché les honneurs ni édulcoré son discours et ses diagnostics pour conserver des appuis médiatiques ou des prébendes. Pour tout cela, il demeure pour moi non seulement le meilleur dans sa discipline, mais aussi le plus noble dans sa démarche. Sansal est resté en dehors du temps politique et des intrigues de salons et de plateaux, car son geste est plus celui d'un prophète des temps modernes ou d'un lanceur d'alerte fidèle à sa mission de salut public que celui d'un simple auteur engagé.

***Alexandre del Valle** est professeur de géopolitique et de relations internationales à l'IPAG Business School de Paris-Nice et à la LUISS de Rome. Il a publié de nombreux essais, dont* L'islamisme à la conquête des entreprises – Stratégies, réseaux, connivences *chez David Reinharc Éditions et* Vers un choc global *aux Éditions de l'Artilleur, traduits en plusieurs langues.*

Lettre à Boualem Sansal

Franz-Olivier Giesbert[3]

Cher Boualem,

Je voudrais m'excuser. Tu sais mon admiration et mon affection depuis longtemps pour toi, ton incroyable courage, et je tremble tous les jours à l'idée qu'il puisse t'arriver quelque chose. Mais je reconnais que j'avais du mal à te croire, parfois, quand tu disais avec ton sourire d'ange que les islamistes les plus dangereux étaient chez nous, en France. Ou quand tu ajoutais qu'une partie de notre pays, qui est aussi le tien, était en voie rapide d'islamisation, avec des relais de toutes sortes, notamment dans les médias.

Nous avons aujourd'hui la preuve que tu avais raison, cher prophète, quand on observe l'actuelle abjection des « néocollabos » qui, en France, comme leurs ancêtres pétainistes des années 1940, dénoncent ceux qui, comme toi, osent résister et payent au prix fort leur liberté de penser.

Alors que tu es en prison ou à l'hôpital, on ne sait, les insultes pleuvent : après celles du *Monde* qui s'émouvait de supposés soutiens de l'extrême droite sans donner de noms, reprenant sans vergogne les thèses de la dictature algérienne, voici qu'entre en scène son appendice « culturel », *Télérama*, qui sort son revolver dès qu'il entend le mot « dissidence ».

Dans un article qui rappelle les grandes heures de la presse vichyste, *Télérama* n'hésite pas à écrire à propos de toi et de ton

3. Texte paru initialement dans *Le Point* le 28 décembre 2024.

ami Kamel Daoud, le nôtre aussi, que « leur discours sur l'islam a fait d'eux des héros de la droite et de l'extrême droite. Ce dont ils semblent souvent s'accommoder ». La boucle est bouclée : le groupe de presse *Le Monde*, propriété du multimilliardaire Xavier Niel, qui ne doit pas le lire, retrouve la complaisance insane de son fondateur, Hubert Beuve-Méry, envers les pires totalitarismes.

Une histoire d'ADN ? En 1939, dans un livre introuvable, *Vers la plus grande Allemagne*, Hubert Beuve-Méry écrivait, après avoir dit ses réserves sur le nazisme qui risquait de dégénérer dans « la corruption et la cruauté », qu'il aura « contribué à redonner aux hommes le goût de la vie et le courage du sacrifice, le sens d'une certaine solidarité et d'une certaine grandeur ». Tout s'explique. L'infamie, l'ignominie...

***Franz-Olivier Giesbert** est journaliste, biographe et romancier.*

4 ÉCHAPPER AUX FRONTIÈRES. SANSAL, L'UNIVERSEL

« Il lui paraissait évident que la vraie victoire est dans les combats perdus d'avance mais menés jusqu'au bout. [...] L'Appareil peut le détruire, l'effacer, il pourrait le retourner, le reprogrammer et lui faire adorer la soumission jusqu'à la folie, il ne pourra lui enlever ce qu'il ne connaît pas, n'a jamais vu, jamais eu, n'a jamais reçu ni donné, que pourtant il hait par-dessus tout et traque sans fin : la liberté. »

Boualem Sansal, *2084, la fin du monde*, Gallimard, 2015.

Un libre-penseur, au nom de la conscience humaine

Daniel Salvatore Schiffer[1]

Le philosophe Daniel Salvatore Schiffer lance un appel aux autorités algériennes ainsi qu'à Emmanuel Macron pour libérer l'écrivain franco-algérien Boualem Sansal, détenu en Algérie depuis le 16 novembre 2024.

Cette arrestation de l'un des humanistes les plus admirables, dont l'œuvre tout autant que la pensée témoignent, par l'immense qualité des valeurs morales qu'elles défendent avec courage, lucidité et constance, d'une rare élévation d'âme, est, à nos yeux, aussi incompréhensible qu'inacceptable. Nous condamnons donc fermement, sans ambages ni ambiguïté, cette arrestation arbitraire, indigne et injustifiée ! Le cher Boualem Sansal, ardent défenseur des Droits de l'homme et de la femme, n'a de cesse, en effet, de promouvoir des principes, théoriquement universels, aussi essentiels pour la paix dans le monde que pour le progrès de la civilisation, la liberté de parole, la justice, la tolérance, la laïcité, la démocratie, le débat d'idées.

Ainsi est-ce le prestigieux siècle des Lumières, en sa plus haute et noble expression, au premier rang duquel émergent des esprits aussi éminents que Voltaire, Diderot, Condorcet ou Montesquieu, autant

1. Tribune initialement parue dans *Le Journal du Dimanche* le 23 novembre 2024.

d'illustres fils de la République française, qui inspire, dans ses écrits comme dans ses engagements, Boualem Sansal, dont le seul crime est donc d'être, nanti des qualités qui lui sont propres pour cette double culture (la France et l'Algérie) qu'il représente avec autant de brio, un libre-penseur, contre toute dérive sectaire, croyance obscurantiste, manichéisme politico-idéologique, tentation totalitaire ou terrorisme islamiste. C'est pourquoi nous, signataires du présent appel, demandons instamment la libération urgente et immédiate, toutes affaires cessantes, de ce bel et grand esprit, en plus d'être l'une des plumes les plus fines et ciselées de la langue française, qu'est Boualem Sansal. Son combat, toujours intelligent, fin et nuancé, respectueux des opinions d'autrui, pour la liberté – liberté de pensée et de parole, d'expression et de création – est aussi notre combat, au nom de la démocratie et pour les imprescriptibles, inaliénables Droits humains !

***Daniel Salvatore Schiffer** est philosophe et écrivain, directeur des ouvrages collectifs* Penser Salman Rushdie *(Éditions de l'Aube / Fondation Jean-Jaurès),* Repenser le rôle de l'intellectuel *(Éditions de l'Aube) et* L'Humain au centre du monde – Pour un humanisme des temps présents et à venir *(Éditions du Cerf).*
Après l'appel pour la libération de Boualem Sansal, publié dans Le Journal du dimanche *du 23 novembre 2024 (signé par 42 intellectuels) et que nous reproduisons ici, il a fait paraître un second appel dans l'hebdomadaire* Marianne *le 9 décembre 2024 (signé, cette fois, par 65 intellectuels).*

Signataires de la tribune : Marc Alpozzo, Ferghane Azihari, Élisabeth Badinter, Dominique Baqué, Florence Belkacem, Florence Bergeaud-Blackler, Véronique Bergen, André Bonet, Marie-Jo Bonnet, Sarah Cattan, Hassen Chalghoumi, Élie Chouraqui, Daniel Cohn-Bendit, Alexandre del Valle, Nadine Dewit, Jean-Philippe Domecq, Emmanuel Dupuy, Luc Ferry, Renée Fregosi, François Kasbi, Arno Klarsfled, Nathalie Krikorian-Duronsoy, Bérénice Levet, Edgar Morin, Bruno Moysan, Éric Naulleau, Yves Namur, Françoise Nore, Michaël Prazan, Robert Redeker, Jean-Marie Rouart, Pierre-Yves Rougeyron, Romaric Sangars, Dominique Schnapper, Jacques Sojcher, Annie Sugier, Pierre-André Taguieff, Valérie Trierweiler, Alain Vircondelet, Olivier Weber, Jean-Claude Zylberstein.

Nous ne laisserons pas notre bibliothèque s'effondrer

Rachel Khan

Nous avons cru briser les chaînes, abolir les fers, dissoudre la nuit. Nous avons cru que l'histoire de France, saturée de ses crimes, avait enseigné à l'homme à ne plus humilier, à ne plus broyer, à ne plus rayer de la carte. Mais les fers reviennent. À chaque génération, à chaque époque, dans l'ombre d'un monde qui oublie, l'homme recommence. Il enferme, il torture, il viole, il éteint.

Aujourd'hui, c'est Boualem Sansal qui paie ce tribut imposé à ceux qui osent être libres. Détenu arbitrairement, soumis à des traitements inhumains et dégradants dans une prison d'Afrique du Nord, il est le témoin de notre époque qui trahit ses promesses. Son crime ? Écrire, penser, refuser de plier devant l'idéologie morbide. Il est aujourd'hui l'otage d'un système qui nie l'humanité de ceux qu'il réprime. Et son enfermement résonne comme l'écho sinistre d'une longue histoire de fer et de larmes.

De la traite des esclaves à la colonisation, des caves où des hommes et des femmes furent entassés comme marchandises jusqu'à l'enfermement dans des tunnels, la mémoire de l'humanité porte la marque des chaînes. La mulâtresse Solitude, Aimé Césaire, Léopold Sédar Senghor, Édouard Glissant, tous ont porté la voix de ces captifs d'hier depuis l'Afrique. Mais aujourd'hui, ce ne sont plus seulement les corps qu'on emprisonne – ce sont les esprits.

La France, si fière de son passé révolutionnaire et de ses Droits proclamés, ne peut pas être épargnée dans ce réquisitoire contre la détention arbitraire. Car ici aussi, sur notre sol, les esprits de certains citoyens sont enchaînés, soumis à des discours qui les aliènent. La complaisance envers les régimes les plus inhumains, l'aveuglement face au terrorisme islamiste, et la résignation devant des idéologies liberticides témoignent de cette servitude insidieuse qui s'affaire, devant son miroir, à se dire insoumise. Or, fièrement drapée dans son arrogance en noir et blanc, elle ne se voit pas, mais elle gangrène. Comme les forces physiques autrefois manipulées, ces esprits travaillent à propager une idéologie qui, sous couvert de « Droits humains », prolonge les ténèbres.

Boualem Sansal, par son courage, refuse d'être l'esclave de cette idéologie et de cet océan de silences. Mais son sort, comme celui des captifs de Gaza ou des dissidents réduits au silence ailleurs, nous oblige. Quand un régime devient le maître du souffle d'un écrivain, c'est notre humanité qui retourne à son chaos.

Notre sol absorba le sang des marrons, des peuples déplacés, des corps fouettés et des corps pendus, notre terre préféra se couper en deux par une ligne de démarcation dont le souvenir garde l'écho des camps de la mort. Ce qui veut dire que notre histoire est devenue un devoir : libérer Boualem Sansal.

Sansal, le symbole d'une humanité qui résiste, comme la mulâtresse Solitude, fut le cri d'une génération d'esclaves, comme *Le Pianiste*, le témoin d'une musique sur laquelle on ne peut mettre aucun mot. Sansal sans la liberté n'est pas Sansal. La bibliothèque sans Sansal n'est pas la bibliothèque. Nous ne laisserons pas notre bibliothèque s'effondrer. Nous ne laisserons pas à l'histoire le droit de recommencer. Mais pour l'instant, nous ne méritons aucun titre.

Rachel Khan *est juriste en droit international, écrivain et éditorialiste.* Racée *et* Encore debout *(Éditions de l'Observatoire, 2021 et 2024) sont ses derniers ouvrages.*

Pourquoi nous devons exiger la libération immédiate de Boualem Sansal

Bernard Cazeneuve

Depuis le 24 novembre 2024, un écrivain est enfermé dans les geôles algériennes. De quoi s'est-il rendu coupable aux yeux de ses accusateurs ? D'aimer la liberté et d'avoir les yeux grands ouverts sur un régime dont il a dénoncé sans relâche, et avec courage, l'autoritarisme et la corruption des dirigeants. Par son œuvre et par son engagement, il nous oblige à poser un regard implacable et lucide sur le fondamentalisme religieux, sur la nature des dictatures qui bafouent les libertés conquises de haute lutte, et sans lesquelles les droits essentiels de la personne sont réduits à néant.

Lequel d'entre nous, dont l'attachement aux valeurs universelles portées par l'esprit des Lumières est demeuré intact, pourrait aujourd'hui ménager son soutien au combat de Boualem Sansal contre les formes les plus actuelles du totalitarisme, qu'il soit politique ou religieux, et contenir son indignation lorsqu'il s'agit d'exiger sa libération immédiate ? Sauf à renoncer à tout ce qui fonda notre nation de citoyens et à effacer de nos mémoires le sens profond du combat de ceux qui s'employèrent, au XXe siècle, à affranchir l'Algérie de sa tutelle coloniale, il n'y a pas de réserves légitimes ni audibles au devoir moral de dénoncer l'inacceptable. Car les mouvements de libération qui jalonnèrent les siècles passés ont étanché leur soif d'espérance à une même source, qui constituait aussi une promesse, celle du respect des convictions de chacun et de la possibilité de les voir s'exprimer sans contrainte, en vertu d'une conception élevée de la civilisation humaine et de son indivisibilité. Du refus légitime de toute domination surgissait une irrépressible aspiration à la reconnaissance de la dignité de citoyens devenus libres. Ainsi, en soutenant le combat d'un écrivain pour la liberté, c'est la détermination de tous les autres intellectuels qu'on encourage lorsqu'ils témoignent de leur attachement aux principes de l'État de droit, et se montrent résolus à ne jamais laisser dans l'ombre leur abandon brutal et lâche. C'est aussi de la force et de la crédibilité que l'on transmet à ces sentinelles lorsqu'elles pointent, au péril de leur vie, les dérives de pouvoirs depuis trop longtemps corrompus, indifférents au sort de leurs propres peuples.

Des accusations ineptes dont Boualem Sansal est l'objet, on déduit surtout la justesse de son engagement, depuis près de trente ans, en faveur d'une certaine idée de la vérité et de la justice. Les procès en trahison, orchestrés par les régimes autoritaires à l'encontre d'esprits libres, sont généralement le plus bel hommage qui puisse leur être rendu, même s'il se paie du prix de leur liberté, et s'apprécie à la lumière des souffrances engendrées par le traitement inhumain qui leur est réservé. L'écrivain franco-algérien, détenu sur le fondement d'accusations fantaisistes, est âgé et malade. Ses conditions de détention ne garantissent pas qu'il pourra bénéficier de tous les soins que justifie son état de santé. Son avocat, Me François Zimeray, n'a pas pu encore lui rendre visite, alors même que le respect des droits de la défense justifierait que l'écrivain puisse être écouté et défendu.

C'est d'abord dans l'œuvre de Boualem Sansal qu'il nous faut trouver les arguments pour le défendre et la force de le soutenir dans l'épreuve qu'il traverse et ce, aussi longtemps qu'il sera nécessaire. Ses romans sont en effet une constante évocation des valeurs qui nous inspirent lorsque nous aspirons à le voir libéré, de même qu'ils constituent la somme des arguments les plus convaincants à opposer à ceux qui instruisent contre lui un procès inique, destiné à faire oublier la scandaleuse injustice de son sort, en cherchant à entacher sa réputation. Déjà, dans son roman *Dis-moi le paradis*, tout était dit de sa vision d'un pays qu'il aime et auquel il cherche à épargner de nouvelles épreuves. Au terme d'une description presque clinique de l'Algérie contemporaine, Tarik, personnage central de son récit, décrit un système politique et économique rongé par la corruption. Il constate, en s'en désespérant, la trahison, par un pouvoir oligarchique, des espoirs portés par une génération qui s'est battue pour l'accession de l'Algérie à l'indépendance, et dénonce l'impasse politique et démocratique que constitue la tentation islamiste.

Dans sa lettre ouverte à ses compatriotes, *Poste restante : Alger*, il accentue sa critique d'un pouvoir dont il pointe les dérives et les conséquences funestes qui en résultent pour un peuple malmené. La censure s'exerce alors à son encontre et la violence se cristallise sur son nom. Tout cela ne témoigne-t-il pas d'une hostilité délibérément entretenue, dont son arrestation fut le point d'orgue prévisible ? On ne peut que saluer la bravoure de Boualem Sansal lorsqu'il décide de participer, en 2008, au Salon du livre de Paris, dans un contexte dominé par la polémique engendrée par certains pays arabes, au motif qu'Israël en est l'invité d'honneur. Celui qui publie alors *Le Village de l'Allemand* explique, dans une défense qui rappelle l'universalisme qui l'inspire, que « la littérature n'est pas juive, arabe ou américaine, puisqu'elle raconte des histoires qui s'adressent à tout le monde ». On ne peut faire grief à un écrivain d'investir la littérature de vertus qu'il aimerait voir la politique faire siennes, en pensant peut-être naïvement que si, par la coalition des cœurs ouverts et des esprits lucides, cela venait à se produire, l'humanité s'épargnerait bien des tragédies : celles engendrées par les guerres et la violence des États, lorsque la préoccupation du bien commun et de la paix est foulée aux pieds par des dictatures cyniques. Les mêmes qui le soupçonnent des pires trahisons mettront sans doute sur le compte du complot, dont il serait l'auteur, son engagement, en octobre 2012, avec le soutien de l'écrivain israélien David Grossman et celui du Conseil de l'Europe, en faveur de l'« Appel de Strasbourg pour la paix ». Dans les mois qui suivront son lancement, cet appel sera signé par plusieurs centaines d'écrivains du monde entier, témoignant de leur attachement aux Droits humains fondamentaux, à la démocratie et à la paix.

On peut aimer ou ne pas aimer Boualem Sansal. On peut ne pas adhérer à tous ses choix et se montrer critique à l'égard de certains d'entre eux. Il en est souvent ainsi de la confrontation des idées. Mais on ne peut réduire au silence un écrivain au motif que ce qu'il écrit gêne ou déplaît. Ne pas être capable de se battre pour la liberté de ceux qui pensent et écrivent, c'est renoncer à l'idée même du débat intellectuel, à la liberté, à la démocratie. Ne pas exiger la libération d'un écrivain emprisonné, ne pas demander qu'il soit reconnu dans ses droits, c'est admettre qu'il peut exister une justice sans humanité, c'est-à-dire une justice dont les décisions seront rendues contre l'humanité elle-même.

Bernard Cazeneuve *est ancien Premier ministre.*

PAS DE NOUVELLES, BONNES NOUVELLES.
ET PAS DE NOUVELLE, PAS DE ROMAN.
ET PAS DE ROMAN, PAS DE CRITIQUE NON PLUS !
Ranson

L'homme debout

Aurélie Julia

« Pour voir l'horizon, on se tient debout, l'aurais-tu oublié ? » C'est ainsi que Boualem Sansal nous interpelle à la fin de son roman *L'Enfant fou de l'arbre creux* (Gallimard, 2000). L'histoire raconte le dialogue de deux condamnés à mort dans une prison en Algérie. L'un est un enfant du bled, embrigadé par des islamistes, l'autre est un Français en quête de ses racines : la découverte de secrets politiques liés à la mort de son père le conduit derrière les barreaux. Les échanges entre les détenus se déroulent en 1995, au cœur de la guerre civile. Écrasés par le destin, les deux bagnards finissent par relever la tête et fuient. « Vivre loin des menteurs est donc le chemin à trouver », conclut dans un *post-scriptum* Boualem Sansal. L'enseignement est sage mais dans la vie réelle, le romancier franco-algérien ne se contente pas d'une existence éloignée des imposteurs. Il les apostrophe, les place devant leurs mensonges, se dresse contre eux. Il lutte à l'oral et à l'écrit. C'est un corps-à-corps.

« Je veux que mes pieds collent au sol pour résister aux vents, nous disait-il dans un entretien (*Revue des Deux Mondes*, mars 2022). Je ne suis pas de ces vieux qui vivent de leurs rentes, j'ai la faiblesse de croire que je suis jeune et vieux à la fois : je me sens à tout instant d'hier, d'aujourd'hui et de demain. J'ai aussi cette chance que les difficultés me renforcent au lieu de m'abattre. »

Cet homme droit et noble regarde devant lui sans jamais baisser les yeux. Il balaie d'un revers de main la peur, l'arme favorite des barbares. Il reste éveillé et nous alerte sans relâche sur les dangers qui menacent l'Occident. Le cachot n'étouffera pas son message, n'en déplaise à ses ennemis. C'est notre Diogène, celui qui combat les tyrans et les démagogues, celui qui ne se laisse pas impressionner par les puissants, celui qui rejette l'emprise des religions sur la liberté de conscience. Ne lui parlez pas de compromis avec la laïcité ou la liberté d'expression, il se mettrait en colère.

« Oui, mais... » : étrange comme deux petits mots moteurs de réflexion, de doute et de critique deviennent un poison quand ils font le jeu de la morale bien-pensante. Et c'est malheureusement ce poison qui se diffuse de plus en plus en France. Le « oui, mais » n'est plus synonyme de modération et d'ouverture. Il introduit des sous-entendus et des insinuations venimeuses. Il dévoie, pervertit et égare. L'emprisonnement de Boualem Sansal est un scandale. Ajouter un « oui, mais » à cette phrase nous rend indignes de lui.

Certains l'affirment : la nuance empêche le courage et l'engagement. C'est faux. On peut être nuancé et rester inflexible sur des principes. Ce sont deux choses différentes. Ne tombons pas dans le piège de la confusion qui enferme les esprits dans des pensées binaires.

On a jeté un libre-penseur dans une geôle. On séquestre un citoyen du monde. Nous aussi, mettons-nous debout pour le libérer au plus vite.

Aurélie Julia *dirige la* Revue des Deux Mondes.

Sauvons Boualem Sansal, écrivain franco-algérien et sage universel

Noëlle Lenoir

Lorsqu'Arnaud Benedetti, rédacteur en chef de la *Revue politique et parlementaire*, m'a demandé de prendre la présidence du Comité de soutien international de Boualem Sansal, je n'ai pas hésité un millième de seconde. J'ai accepté l'honneur qui m'était fait. Je n'ai jamais rencontré Boualem Sansal, mais je le connais par ses écrits, que j'ai dévorés avec passion, et par ses interventions télévisées, que j'ai regardées avec un immense intérêt, teinté d'admiration pour la franchise de ses propos ; une franchise synonyme de courage, dans un monde où la liberté d'expression, sur des sujets comme l'islam, expose à des menaces, voire à des attaques mortelles, comme en témoigne l'assassinat des dessinateurs et journalistes de *Charlie Hebdo* le 7 janvier 2015 ou, plus récemment, celui de Salwan Momika, tué par balles à son domicile, le 29 janvier 2025, pour avoir brûlé une édition du Coran en Suède, où ce chrétien d'origine irakienne s'était réfugié.

Boualem Sansal, pour s'exprimer sur ces sujets, n'a pas choisi la provocation de la caricature ou du geste symbolique, laquelle peut être salvatrice, il est vrai. Il a choisi de transmettre ses messages par la douceur, la bonté et la bienveillance qui transparaissent dans son regard et sa manière de s'exprimer. Il est pour moi la figure du sage dont le message est universel. C'est la raison pour laquelle il fait tant *autorité*, au sens où le grand linguiste français Émile Benveniste l'entendait. Dans tous les pays – sauf l'Algérie, sa terre natale qui le renie lamentablement –, son message porte par l'autorité découlant de sa présence et de son charisme. Benveniste, dans *Le Vocabulaire des institutions indo-européennes*, publié en 1969, montre que le mot *autorité* vient du verbe latin *augeo*, « un pouvoir d'une nature et d'une efficacité particulières, un attribut que possèdent les dieux », ou encore du mot *auctoritas*, faculté de l'*auctor*, « ce don réservé à peu d'hommes de faire surgir quelque chose... ».

C'est cette autorité naturelle de l'écrivain Boualem Sansal qui nous touche au fond de l'âme. Et c'est sa séquestration arbitraire en Algérie, au seul réel motif qu'il a exprimé des vérités, qui est insoutenable pour les membres de son Comité de soutien – et bien au-delà. Âgé de 80 ans et gravement malade, il n'a rien à faire en prison en Algérie, au fond d'un cachot probablement insalubre. Il n'a rien à voir avec les charges ridicules retenues par le pouvoir algérien contre lui : comment pourrait-il avoir attenté à la « sûreté de l'État », lui qui n'est même pas lu en Algérie, puisqu'il y est censuré ? Comment aurait-il pu attenter à l'« intégrité territoriale » en rappelant des faits liés à l'histoire des frontières, laquelle est bien souvent – chacun le sait – celle de la formation des États (et il n'y a aucune honte à cela) ? Le pouvoir algérien est fâché avec la vérité historique. Pour se pérenniser, il prive le peuple de son histoire ; voilà la réalité !

L'obscénité de la situation du prisonnier d'opinion qu'est Boualem Sansal est apparue si évidente aux mille deux cents membres de son Comité de soutien qu'il n'est nullement étonnant que celui-ci réunisse le plus large spectre d'opinions et d'horizons : des politiques, des intellectuels, des hauts fonctionnaires, des professions libérales (avocats, magistrats, médecins, etc.), des chefs d'entreprise, etc., représentant une vingtaine de nationalités et des courants de pensée très divers. Outre les deux anciens présidents de la République française et la plupart des anciens ministres, on compte aussi M. Gérard Larcher, président du Sénat, et Mme Yaël Braun-Pivet, présidente de l'Assemblée nationale.

L'engagement de ces derniers ne s'est jamais démenti tout au long des mois où, depuis le 16 novembre 2024, date de l'arrestation de Boualem Sansal, s'accroît l'inquiétude que suscite son sort, et plus particulièrement son état de santé.

Pour ma part, en signe d'admiration pour cet homme que je ne connais pas personnellement, mais dont j'affectionne la personnalité hors-normes, je voudrais ici brièvement saluer ce que ses écrits nous apportent, à nous défenseurs forcenés de la vérité historique et sociologique quelle qu'elle soit, et même si elle fait mal.

Le premier livre que j'ai lu de Boualem Sansal est *Le Village de l'Allemand ou le Journal des Frères Schiller*, de 2008. Il m'a bouleversée. C'est un chef-d'œuvre. En retraçant l'itinéraire, jusqu'à son suicide, du fils d'un Allemand nazi responsable de camps ayant fui en Algérie pour s'y faire sacrer Cheik Hassan, « moudjahid » algérien combattant avec le FLN lors de la guerre d'indépendance, ce livre évoque la question du totalitarisme, politique ou religieux. Il nous interroge sur la façon dont « on se dépouille de son humanité ». Car les fanatiques religieux, qui se prétendent « forces de résistance », sont l'illustration même de ce penchant mortifère. Et quand le fanatisme religieux se conjugue avec le politique et le militaire, cela donne les crimes du Hamas.

Dans son assimilation des différents totalitarismes, le livre de Boualem Sansal renvoie au roman *Vie et Destin* de Vassili Grossman qui, en 1960, dresse un parallèle imparable entre nazisme et bolchevisme. Heureusement pour lui – Khrouchtchev et non Staline étant alors au pouvoir –, Grossman ne fut pas arrêté ; seul son manuscrit fut détruit par le KGB (mais ce manuscrit, mis en sécurité chez des amis, avait été transféré en France, où l'ouvrage a été publié aux éditions L'Âge d'Homme). Dans sa lettre à Khrouchtchev, Grossman écrit en 1962 : « Je vous demande de rendre la liberté à mon livre. »

Aujourd'hui, nous demandons instamment au président Tebboune de rendre la liberté à Boualem Sansal, et même de le remercier, car ce qu'il met à jour dans ses livres – les risques civilisationnels qu'engendre l'islamisme – nous renseigne sur la façon de protéger les populations de cette idéologie totalitaire. Ce que ne font pas, loin de là, tous les dirigeants de la rive sud de la Méditerranée, et au premier chef le président de la République algérienne.

Le message à la France concernant la situation des banlieues est également vital pour nous, Français, et avant tout pour les élites gouvernantes. Ce n'est en effet pas un hasard si *Le Village de l'Allemand* a paru quelques années seulement après les émeutes de 2005 qui, elles, avaient fait l'objet d'une véritable prédiction dans l'ouvrage collectif de 2002, dirigé par Georges Bensoussan, *Les Territoires perdus de la République.*

Réveillons-nous, alertent ces sages !

Le message le plus récent de Boualem Sansal est celui que contient son ouvrage *Le français, parlons-en !* publié en 2024 aux Éditions du Cerf. Devenu français, amoureux de notre langue et de notre culture, il déplore à juste titre l'absence de protection de ce trésor de civilisation qu'est la langue française, par ceux qui nous gouvernent. Tebboune veut faire totalement disparaître cette langue encore parlée par une large partie de la population algérienne. Il conçoit ce geste comme une manière de punir la France, ex-puissance coloniale, dans la ligne de la politique de Boumédiène, qui s'était empressé dès 1965 d'arabiser l'enseignement supérieur, substituant des imams rigoristes et incultes aux professeurs français des universités. Ce n'est pas une bonne idée pour les Algériens, mais c'est le choix de leurs gouvernants.

Face à cela, la France a elle aussi des choix à opérer. Elle avait jusqu'ici défendu bec et ongles notre exception culturelle française. A-t-elle changé son fusil d'épaule ? Au nom d'un multiculturalisme prisé par la bien-pensance de droite comme de gauche, va-t-elle renoncer à la défense d'une culture qui, en dépit de certaines affirmations, s'est forgé au fil de l'histoire une unité d'inspiration et d'expression ? Laissera-t-on les lycées français démunis, alors qu'ils sont la meilleure vitrine d'un enseignement haut de gamme, en voie de disparition sur le sol de la République ? Va-t-on laisser la Cour de Justice de l'Union européenne à Luxembourg abandonner l'usage du français dans ses décisions, alors qu'elle reste le seul sanctuaire de la langue d'un des deux principaux pays fondateurs de l'Europe ? Laissera-t-on la langue des banlieues prendre le dessus, alors qu'elle est le véhicule « SMS » de ceux qui, à quelques exceptions notables près, n'ont jamais ouvert un livre ? Continuera-t-on, prévient Boualem Sansal, à laisser « désosser vivante la France [par] les oligarques et leurs obligés politiques, les grandes firmes américaines et chinoises [...] avec la complicité de qui vous savez », jusqu'aux « Frères musulmans et leurs affidés de gauche et de droite tout à la fois » ? Autant de risques qu'il faut d'urgence écarter, s'il n'est pas déjà trop tard. Après les avertissements de Boualem Sansal, on ne pourra pas dire qu'on ne nous avait pas prévenus et que nous ne pouvions pas savoir.

Dans sa lettre publique au président de la République – « J'accuse » – parue le 13 janvier 1898 dans *L'Aurore*, le grand Zola écrivait : « La vérité, je la dirai [...]. Mon devoir est de parler, je ne veux pas être complice. » C'est cette vérité, dont les livres de Boualem Sansal sont les gardiens et les promoteurs, qu'il faut défendre à tout prix, comme il faut à tout prix obtenir la libération de l'écrivain. C'est le but pressant : la libération de Boualem Sansal, sage parmi les sages, otage parmi les otages, victime d'un pouvoir algérien aux abois et dont la fureur à l'égard de la France traduit manifestement la faiblesse. Comme Bruno Retailleau, notre ministre de l'Intérieur, l'a fait observer justement, l'insulte ne peut tenir lieu d'argumentation.

L'action du Comité de soutien international ne se relâchera pas tant que son but ne sera pas atteint. Pour autant, il reste qu'il est de la responsabilité éminente de l'État français, dont il est ressortissant, d'agir en vue de la « libération immédiate et inconditionnelle » de Boualem Sansal. Réclamée par deux résolutions, l'une du Parlement européen (le 25 janvier 2025) et l'autre de l'Assemblée nationale française (le 5 février 2025), ainsi que par les 120 sénateurs réunis par le président Larcher le 29 janvier 2025, cette libération est un préalable absolu à la reprise d'un dialogue, mais cette fois-ci d'un dialogue équilibré entre deux États souverains, l'Algérie l'étant maintenant depuis trois quarts de siècle !

Face au président algérien, qui tient à l'endroit de la France des propos inadmissibles, les leviers ne manquent pas. Ne tardons pas à les utiliser. Pour la France, se faire respecter est la seule voie possible d'une réconciliation. Pour l'Union européenne, qui a des liens économiques forts avec l'Algérie, faire primer les Droits fondamentaux que ce pays s'est engagé à respecter dans l'accord d'association UE/Algérie est la seule voie possible d'un retour à la crédibilité d'une Europe qui se proclame *leader* en matière d'État de droit.

La seule voie possible, en tout état de cause, c'est la libération de Boualem Sansal. *Hic et nunc* et par tous les moyens !

Noëlle Lenoir, *présidente du Comité de soutien international de Boualem Sansal est avocate, membre honoraire du Conseil constitutionnel et ancienne ministre.*

Le phénix de la liberté

Stéphane Rozès

Ce qui frappe d'emblée chez Boualem Sansal, c'est le contraste entre la douceur de sa voix, de son regard, et sa calme détermination. À ses amis qui s'étonnaient du fait qu'il continue à vivre dans sa belle terre d'Algérie sous la coupe d'un régime autoritaire muselant son peuple, il répondait d'abord par un sourire. Il y retournait encore récemment, jusqu'à son arrestation.

On peine à deviner son âge tant sa démarche, sa silhouette et sa physionomie sont jeunes, tant sa curiosité et son attention à l'égard des autres sont grandes et en éveil.

C'est que Boualem Sansal semble porté par une force qui le dépasse et qui le relie à l'humanité tout entière, envisagée non de manière abstraite, mais comme enracinée dans une histoire personnelle qui le rend attentif à chacun.

C'est sans doute affaire de caractère, mais aussi de parcours. Rappelons-le, pour ceux qui ne le sauraient pas : Boualem Sansal a d'abord reçu une formation scientifique et technique avant de travailler comme haut fonctionnaire, responsable de l'industrie dans l'administration algérienne. Il a ensuite pris ses distances avec le régime, et ce ne fut pas sans conséquences professionnelles pour lui et son épouse. C'est sur le tard, et sur les conseils d'un ami écrivain, le regretté Rachid Mimouni – qui sera l'objet d'une *fatwa* des islamistes et dont la dépouille sera déterrée et découpée par eux – qu'il commença d'édifier une œuvre. Il devint un écrivain francophone reconnu par la communauté internationale de ses pairs et des critiques littéraires. Il faut insister là-dessus, car Boualem Sansal est avant tout un grand écrivain, lauréat de prix prestigieux, et c'est stoïquement qu'il accepta de voir son œuvre recouverte par ses engagements publics. Acheter les livres de Boualem Sansal, c'est non seulement une façon de le défendre, mais c'est rentrer dans un univers. Le rayonnement de Boualem Sansal se mesure aujourd'hui par le nombre, la qualité et la diversité des personnalités qui composent son Comité international de soutien[2].

Pourquoi Boualem Sansal a-t-il mené de front son travail d'écrivain et un engagement intrépide pour les libertés ? C'est qu'il voit ce qu'il voit, qu'il dit ce qu'il voit, et qu'il le dit précisément. Il a vu de l'intérieur les dérives du régime autoritaire algérien et la menace que représente l'islamisme des deux côtés de la Méditerranée. Rien qu'en Algérie, on dénombra plus de 200 000 morts pour finalement arriver à un compromis entre le régime et les islamistes. Aux premiers, le monopole de la représentation politique et de l'utilisation des ressources du peuple algérien, et aux seconds la possibilité d'islamiser par le bas la société algérienne.

Boualem Sansal fait partie de la mince cohorte de ceux qui, à l'instar des écrivains et poètes comme Kamel Daoud, Mohamed Kacimi, Kamel Bencheikh, d'autres auteurs, éditeurs, intellectuels, étudiants, syndicalistes, journalistes, en Algérie et en Europe, entretiennent la flamme de la liberté pour le peuple algérien et pour les autres. Elle renaît toujours de ses cendres. Ils en sont les phénix.

On a tant entendu Boualem Sansal nous alerter ici sur les dangers de l'islamisme des Frères musulmans et des salafistes qui, de la même manière qu'en Algérie avec le port du voile comme support du prosélytisme, exercent des pressions et intimidations dans les quartiers, et font de l'entrisme dans les institutions françaises et celles de l'Union européenne – pressions relayées par le Qatar et l'Arabie saoudite.

---

2. Disponible sur le site de la *Revue politique et parlementaire.*

On l'a tant entendu dire qu'il ne comprenait pas la cécité des autorités françaises ou leur attentisme pour défendre la République, et les atermoiements de l'Union européenne pour défendre la démocratie face aux entreprises des islamistes !

Les propos de Boualem Sansal ne portent en rien atteinte à la sûreté de l'État algérien. L'écrivain sert d'otage dans la nouvelle campagne du régime contre la France, mais aussi d'exemple pour apeurer le peuple algérien, descendu dans la rue lors du Hirak. Il s'agit pour le régime algérien de déconsidérer un écrivain et de tenter une ultime opération de diversion des frustrations et colères populaires algériennes.

La personnalité et l'œuvre de Boualem Sansal excèdent ces considérations de politique intérieure ou de géopolitique. Mais voilà que le temps presse. Du fait de son âge et du cancer qui le mine, il faut très vite obtenir sa libération. Au moment où ces lignes sont écrites, Boualem Sansal ayant la double nationalité, ses droits à la défense du côté français ne sont pas respectés, son avocat français n'a toujours pas de visa, et l'on ne sait absolument rien de la gravité de son cancer, ni des traitements qu'il reçoit ou devrait recevoir.

Les autorités françaises et européennes ont les moyens, au nom de la situation humanitaire et sanitaire, d'obtenir sa prompte libération.

Boualem Sansal ne défend pas seulement un principe, celui de la liberté d'expression en Algérie, dans les pays arabo-musulmans, en France et dans le monde. Il défend aussi la singularité de l'humanité qui réside dans la dignité des peuples et des individus. La liberté et la dignité humaine ne sont la propriété de personne, d'aucune classe sociale, civilisation ou nation ; elles sont universelles tant que soufflent l'esprit, l'intelligence et la bonté.

Alors, il était sans doute vain que ses amis demandent à Boualem, qui avait écrit que « l'ignorance est la pire des prisons », les raisons de sa résidence et de ses voyages en Algérie[3].

---

3. *Le Village de l'Allemand, ou le Journal des frères Schiller, op. cit.*

Algériens, Français et au-delà, nous avons tous besoin que Boualem Sansal nous revienne vite. On ne met pas les Boualem Sansal en prison, c'est inhumain et vain. On n'emprisonne pas la liberté.

Stéphane Rozès *est président de Cap (Conseils, analyses et perspectives) et enseignant à l'Institut catholique de Paris. Il est coauteur de nombreux ouvrages collectifs et contributeur de revues telles que* Le Débat, La Revue politique et parlementaire, Études *ou* Commentaire.

Le forgeron des mots libres

Kamel Bencheikh

« Un homme qui prive un autre homme de sa liberté est prisonnier de la haine, des préjugés et de l'étroitesse d'esprit. »

Nelson Mandela, *Un long chemin vers la liberté*

16 novembre 2024. Cette date s'inscrit dans la chair de l'histoire comme une cicatrice indélébile. Une date comme un cri dans l'obscurité, une blessure ouverte sur l'histoire d'un homme qui porte en lui l'âme de la liberté. Ce jour-là, Boualem Sansal, éclaireur des ombres, écrivain des vents libres et veilleur de nos espoirs vacillants, a été arraché à la lumière. Mais Boualem n'est pas un homme qu'on fait taire ; son esprit demeure, vivant et incandescent, comme une flamme indomptée.

Boualem Sansal est une lanterne dans les ténèbres, un souffle qui refuse de s'éteindre. Ses livres sont des rivières qui irriguent le désert de l'oppression, des chants de résistance gravés à l'encre de la dignité. Cet écrivain est bien plus qu'un nom sur des couvertures de livres. C'est un chant, un écho profond qui résonne dans chaque cœur épris de justice. Ses mots, traduits aux quatre coins du monde, sont des cris de liberté, des boussoles pour ceux qui refusent de se perdre dans les méandres du silence. Ils portent les rêves brisés d'une Algérie qui, hier encore, croyait à la promesse d'une indépendance lumineuse. En traduisant ses colères et ses espoirs, Boualem a tendu un miroir à son pays, un miroir que les tyrans refusent de regarder. En les lisant, on entend la voix d'une Algérie qui ne veut pas se taire, une Algérie qui refuse de laisser les ombres s'emparer de ses rêves. Pourtant, c'est bien dans ce miroir que nous devons nous plonger. L'arrestation de Boualem n'est pas un acte isolé ; elle est le symptôme d'une répression systématique, l'expression brute d'un pouvoir qui s'effrite sous le poids de sa propre cruauté. Cet homme, dont la plume traverse les frontières, fait face à des geôliers aveuglés par leur haine de la pensée libre. Mais ils n'ont pas compris que l'écho de ses mots résonne bien au-delà des murs de sa cellule.

Je me souviens de Boualem comme d'un ami à l'humanité débordante, un homme dont la générosité et l'enthousiasme illuminaient chaque moment. Je l'ai connu dans la douceur des soirées parisiennes, entre des rues qui portent encore la mémoire de tant d'écrivains. Une nuit, après un dîner dans une petite pizzeria de Saint-Germain-des-Prés, il m'avait demandé de marcher un peu avec lui pour l'accompagner jusqu'à la rue du Bac. « Encore un détour », m'avait-il dit, comme s'il cherchait à repousser l'instant de la séparation. Mais, arrivé à destination, c'est lui qui, inquiet de me laisser partir seul, a décidé de me raccompagner au métro. Et ce jeu d'allers-retours, ce souci de l'autre, était toute l'essence de Boualem : une chaleur humaine si rare qu'elle semblait contenir le monde. À chaque pas, il partageait des souvenirs, des réflexions, des éclats de rire. Un homme de générosité, d'amitié, dont la chaleur humaine réchauffe encore mes pensées.

Un autre soir, après un repas trop copieux, il avait aperçu une cabane à crêpes. « Une crêpe, ça te tente ? » m'avait-il lancé avec un sourire d'enfant. « Mais, cher ami, nous venons de nous goinfrer ! » avais-je protesté. Il avait éclaté de rire : « Ça n'a rien à voir, ça me fait plaisir. » Cette joie simple, ce bonheur de l'instant faisaient de Boualem un compagnon unique, un homme dont la lumière humaine égale celle de son écriture.

Un jour d'hiver à Bruxelles, je lui avais demandé dans quel hôtel il était descendu. Lorsqu'il m'a répondu « près de la gare », je l'ai interrogé : « Laquelle ? » Avec son étonnement candide, il s'exclama : « Mais ne me dis pas qu'il y a plusieurs gares à Bruxelles, Kamel ! » Nous avons éclaté de rire ensemble. Ces instants simples, marqués par sa spontanéité et son humanité, sont des trésors que ni les barreaux ni l'oubli ne pourront voler.

Toujours sur le plan personnel, Boualem avait cette manière unique de transformer chaque échange en un îlot de douceur, un refuge où l'amitié effaçait, l'espace d'un instant, la rugosité du monde. Nos courriels étaient des respirations dans l'agitation du quotidien, empreints d'une chaleur qui faisait oublier, ne serait-ce qu'un peu, les ombres qui nous entouraient.

Il écrivait avec cette élégance si naturelle, mêlant tendresse et lucidité. Et quand mes réponses tardaient, il ne manquait jamais de me rappeler à lui avec une sollicitude désarmante : « Est-ce que tu as des soucis, Kamel ? » C'était là tout Boualem, cet homme qui, même au milieu des tumultes, tendait une main, une pensée, un sourire.

Athée parmi les athées, il s'amusait parfois à parsemer ses vœux de références bibliques, comme pour brouiller les pistes ou peut-être, simplement, pour nous rappeler que les symboles transcendent les convictions. Je me souviens d'un message envoyé à l'aube d'une année nouvelle, une année qu'il anticipait déjà sombre :

« Bonjour, mon bien cher Kamel,

« Et nous voilà au terme d'une année qui fut décevante à tout point de vue. Tout montre que 2024 sera pire. Il nous est interdit de rêver, nous devons, comme Baptiste, continuer à prêcher dans le désert. Peut-être verrons-nous passer au-dessus de nos têtes des grues porteuses d'un message de salut. Baptiste a été récompensé de son sacerdoce, il a vu venir Jésus. »

Ces mots, empreints de mélancolie et d'humour, portaient une vérité simple : même dans le désert, on peut espérer. Boualem voyait dans la persistance du geste – écrire, parler, rêver – une manière de ne jamais céder à l'aridité du monde.

À travers ces lignes, il me tendait un miroir, un reflet de l'engagement qui nous liait. Mais il ne s'agissait pas seulement de résister, de dénoncer ; il s'agissait aussi de trouver, dans la relation humaine, une lumière qui réchauffe. Ses mails n'étaient pas qu'un échange, ils étaient une ancre, un rappel que l'amitié peut être un rempart contre la tempête.

Boualem savait que les mots sont des armes, mais il savait aussi qu'ils sont des caresses. Il en usait avec une générosité rare, offrant dans chaque phrase un éclat de lui-même, une part de son humanité. Aujourd'hui, alors qu'il endure l'enfermement, je relis ses messages avec une émotion vive. Ils portent sa voix, ce souffle qui ne peut être étouffé.

Dans ces fragments de correspondance, je retrouve son rire, son intelligence, son ironie douce-amère. Je retrouve l'ami, le frère d'idées, celui qui, malgré tout, croyait à la possibilité d'un ailleurs. Ses mots résonnent comme une prière laïque, une incantation pour que le désert ne soit jamais un tombeau, mais un espace où les grues continuent de voler, porteuses de rêves et d'espoir.

Et moi, je les attends, ces grues. Je les guette dans le ciel, avec cette foi qu'il m'a transmise, une foi dans la force des liens, dans la beauté des idées partagées. Pour Boualem, pour tout ce qu'il a semé, je continuerai à prêcher dans le désert.

Mais maintenant, il est là, enfermé dans cette Algérie qui nous a vus naître et que nous avons aimée. Son esprit ne connaît pas les murs. Chaque mot qu'il a écrit, chaque idée qu'il a semée, germe dans des milliers d'esprits. Son combat n'est pas solitaire, car il a éveillé en nous la certitude que la liberté n'est pas un luxe. Elle est une flamme, fragile mais tenace, qu'on doit protéger contre vents et marées. Tandis qu'il endure l'enfermement, ses mots continuent de briser les chaînes. Boualem écrivait : « La liberté est un feu qu'on ne laisse jamais s'éteindre. » À travers les milliers de voix qui s'élèvent pour lui, ce feu brûle encore. Chaque tribune, chaque publication, chaque manifestation est une boussole qui pointe vers la justice, une lumière dans un paysage assombri par l'injustice.

Je me souviens de ces moments où il parlait de la liberté comme d'une étoile qu'on suit dans les nuits les plus noires. Il disait que résister, c'est d'abord refuser de détourner les yeux. Alors aujourd'hui, nous regardons. Nous voyons l'injustice, nous voyons l'oppression. Mais nous voyons aussi l'espoir, cette onde qui traverse les frontières pour porter son nom : Boualem Sansal.

Dans ses livres, il a peint les ombres pour mieux révéler la lumière. Dans ses gestes, il a incarné cette fraternité qui ne connaît pas de barrières. Aujourd'hui, alors qu'il endure l'enfermement, nous portons son combat. Nous sommes ses voix, ses relais, et son message traverse les geôles pour éclater en un cri de solidarité.

Boualem Sansal n'est pas qu'un écrivain. Il est une étincelle dans les ténèbres, un souffle qui réveille ceux qui dorment encore. Il nous a appris que la liberté est une quête infinie, qu'elle demande du courage, de l'amour et une foi inébranlable en la dignité humaine.

Pour Boualem, pour ceux qu'il inspire, pour une Algérie qui ne courbera plus jamais l'échine, nous restons debout. Le nom de Boualem Sansal résonne dans nos cœurs comme une promesse. Une promesse que nous tiendrons, quoi qu'il advienne. Nous ne renoncerons jamais à marcher. Et chaque pas sera un acte de révolte, une déclaration d'amour à la liberté.

***Kamel Bencheikh** est poète, romancier et essayiste. Derniers ouvrages :* Un si grand brasier*, éditions Frantz Fanon, 2024 ;* Printemps de lutte et d'amitié, poèmes*, éditions Kaïros, 2024 ;* L'Islamisme ou la Crucifixion de l'Occident – Anatomie d'un renoncement*, préface de Stéphane Rozès, éditions Frantz Fanon, 2024.*

Un prophète tranquille

Arnaud Benedetti

La Revue politique et parlementaire *est l'une des plus anciennes revues généralistes françaises. Née en 1894, elle a été de tous les combats républicains, à commencer par l'affaire Dreyfus. Elle a abrité des signatures politiques et intellectuelles prestigieuses telles que celles du général de Gaulle dans les années 1930, mais aussi de Raymond Aron, d'Hannah Arendt, d'Arnold Toynbee, ou plus récemment de Marcel Gauchet, de Pierre Manent ou de Monique Canto-Sperber. Boualem Sansal est membre de la revue, animée par Arnaud Benedetti. C'est la* RPP *qui, la première, a alerté sur la disparition de Boualem.*

Le 16 novembre, la *Revue politique et parlementaire* a fait le choix de la solidarité, du combat et de la liberté. Dès qu'elle a appris l'arrestation de l'un de ses membres, et non des moins prestigieux – le romancier et essayiste franco-algérien Boualem Sansal –, notre publication est entrée sans hésiter en résistance contre un acte qui est à l'opposé de toutes les valeurs que nous défendons depuis cent trente ans. Et l'histoire retiendra que c'est l'année de nos 130 ans, justement, que les événements ont convoqué la *Revue* à une exigence à laquelle il eût été impossible de ne pas répondre sans nous renier. Au moment où nous écrivons, la situation est figée, incertaine et un brin désespérante. L'écrivain est malade et incarcéré.

Sansal est membre de notre comité scientifique, il est l'un de nos contributeurs, et il est par-dessus tout notre ami. Solidarité instinctive et naturelle exprimée dès les premières heures, mais dans le même temps indignation et révolte devant ce qui n'est rien d'autre qu'une prise d'otage. De cette nécessaire défense de la liberté d'un homme, qui est la liberté de tous les hommes, se déduisent un combat et une mobilisation. Nous y sommes, comme au cœur des 40e rugissants, en quelque sorte, à nous battre tout d'abord pour effacer l'oubli et éviter l'indifférence, mais aussi pour ne rien lâcher sur les principes : la France ne peut en aucun cas abandonner l'un des siens dès lors qu'il est persécuté ; et elle se doit d'être sur la ligne de front quand les valeurs qu'elle porte sont bafouées. Sansal est un écrivain francophone, algérien mais aussi français, une métaphore à lui seul de l'intellectuel universel que la France a su inventer, mais qui, par ses racines, nous projette dans un Orient dont il sait que la métaphysique demeure une énigme très souvent insondable pour les Occidentaux. À l'aide de récits paraboliques, il explique aux seconds les mystères du premier – sans relâche, tel Sisyphe roulant éternellement son rocher.

De l'Algérie il dit les compromissions, de la France les aveuglements ; et voilà qui ne peut aux yeux des uns et des autres que le rendre suspect, ou à tout le moins en faire un « empêcheur de tourner en rond » parmi les dirigeants des deux rives d'une Méditerranée plus que jamais en tension, dans son camaïeu de civilisations. Il est un « récitant », comme aime à le dire la présidente de son comité de soutien, Noëlle Lenoir, qui déclame le texte d'une époque aux prises avec des malédictions que l'on pouvait penser disparues, mais dont les tréfonds des imaginaires ramènent invariablement à la surface les régularités immémoriales. Sansal témoigne d'une vérité – ce qui immanquablement vous assigne à un destin injustement accusatoire.

Depuis longtemps, notre ami se savait réprouvé dans son pays natal, biologique, l'Algérie, et inécouté, voire incompris, ou mal compris, dans son pays d'adoption, cet Hexagone dont il s'étonnait qu'il oublie à ce point ses racines, sa lucidité (qui en faisait de si loin dans le temps une nation hautement rationnelle), et son énergie vitale (qui, tout au long de son histoire, lui avait permis de surmonter les plus douloureuses et tragiques des crises existentielles). Être attaché à la vérité encore une fois, celle du regard juste qui annonce ou appelle la parole forte, ne facilite pas l'existence ; mais que vaut la vie si elle transige avec la sincérité, se perd dans des comédies besogneuses, et s'évapore au premier risque qui vient éprouver l'ardeur de l'âme ?

Quand on connaît Sansal, sa silhouette parle d'elle-même : sa décontraction n'est pas un relâchement dilettante, mais l'expression de la simplicité d'un homme sage qui ne succombe jamais à ce péché des plus répandus qu'est la vanité, et qui s'exerce sur tant de nos semblables ; lorsque l'on converse avec lui filtre de son regard ce bien précieux, une bonté dont l'éclat, aussi fugace et infime fût-il, reflète également l'infini de l'orbe ; et l'entendre enfin, c'est pénétrer dans ce « jardin aux sentiers qui bifurquent », pour reprendre le titre d'une nouvelle de Borges où l'on glisse imperceptiblement d'une observation clinique sur l'actualité la plus prosaïque à une érudition ésotérique...

Bref, cet homme est simple et bon, et le savoir en prison est l'un de ces scandales absolus auxquels on ne peut se résoudre. Mais voilà, il ne fait pas bon, dans un monde brutal, être sans concession avec le réel. L'un des enseignements de l'histoire humaine n'est-il pas, *in fine*, que l'homme passe la plupart du temps à essayer d'échapper, par des subterfuges multiples, à sa confrontation avec la réalité qui le dérange ? Les islamistes se figent dans leur fantasmagorie, les hiérarques algériens dans leur mythologie, et les dirigeants français dans le confort de leurs certitudes, mais tous ont pour point commun de ne pas vouloir voir : les premiers, qu'ils cultivent des archaïsmes violents peu conformes à la marche du temps ; les seconds, que leur peuple ne crédite plus que d'une valeur relative leur récit biaisé, devenu alibi ; les derniers, un déni qui les conduit à une telle fuite en avant qu'ils en oublient de faire ce qu'ils ont à faire, à savoir gouverner.

Boualem Sansal est un prophète tranquille qui vient leur expliquer l'enchaînement qui mène tout ce petit monde, affreusement monstrueux pour les uns, atrocement sommaires pour les autres, ridiculement déconnectés pour les derniers, à s'enchaîner à la servitude de leurs fautes. Tout ceci n'incite pas ces prévenus au tribunal de la vérité, d'où qu'ils soient et d'où qu'ils viennent, à vouloir sortir le vieil homme de sa geôle, car celui qui détient des secrets de fabrication sur lesquels les puissants fondent leurs dominations bouscule l'ordre terrifiant et cynique du mensonge. Les islamistes trouveront trop doux le sort de notre ami, les dictateurs algérois n'y verront qu'une juste sanction pour crime de lèse-arbitraire, quand les démocrates français se diront qu'après tout c'est le prix à payer sur l'autel de la *realpolitik*.

C'est contre ce petit tas de misères qu'il nous faut aiguiser nos vertus et ne pas se laisser distraire. C'est ce défi, tout simplement, que nous avons relevé, en disant qu'il n'y a rien à négocier avec les marchands du pouvoir, où qu'ils soient et quels qu'ils soient. Sansal n'a rien à faire en prison, non seulement parce qu'il n'a rien fait, si ce n'est exercer son droit imprescriptible à la parole, mais parce que son sort, si l'on n'y prend garde, pourrait préfigurer le nôtre, dans un moment singulier dont on pressent qu'il porte en lui la bascule de l'histoire. Oui, il faut libérer Sansal, pour lui et pour tous les autres, y compris pour nous autres et nos prochains...

Rédacteur en chef de la Revue politique et parlementaire, ***Arnaud Benedetti*** *est professeur associé à l'université Paris-Sorbonne, essayiste et spécialiste de la communication politique. Il est le fondateur du Comité de soutien international pour Boualem Sansal.*

Aux esprits libres

Arié Bensemhoun

Dans les couloirs sombres de l'oppression, une voix s'élève, limpide et inébranlable : celle de Boualem Sansal, écrivain, libre-penseur, conscience éveillée d'un peuple assoiffé de vérité, aujourd'hui muselé par un régime craintif des éclats de son verbe.

Son crime ? Avoir osé dire, écrire et dénoncer. Son tort ? Avoir cru que les mots avaient encore le pouvoir de briser les chaînes.

Dans un monde où la parole est une arme, la sienne a toujours été un glaive aiguisé contre l'injustice. Sansal, héritier des esprits libres, homme des Lumières, refuse l'assignation au silence. Ses romans et essais sont des brûlots d'intelligence, des cris de révolte contre ceux qui asservissent l'âme humaine sous le poids de la peur, du fanatisme et de la censure. Lui qui a toujours affirmé son attachement à l'Algérie, terre d'histoire et de luttes, se voit aujourd'hui trahi par un pouvoir qui redoute les penseurs autant qu'il redoute la lumière du jour, parce qu'il redoute l'ombre de lui-même.

Ce n'est pas la première fois que la tyrannie tente d'étouffer un écrivain. L'histoire en est jalonnée. Mais jamais ces tentatives n'ont réussi à éteindre le feu sacré des plumes. On peut enfermer un homme, on ne peut enfermer ses idées. On peut bâillonner une voix, mais elle continue de résonner dans les cœurs et les esprits de ceux qui refusent la servitude. Et c'est le devoir sacré de la France, son rôle historique de conscience universelle, de se soulever inlassablement contre ceux qui embastillent les âmes libres. Au sommet de notre ordre juridique, notre Déclaration des Droits de l'homme rappelle que « la libre communication des pensées et des opinions est un des droits les plus précieux de l'homme ». Un droit inaliénable, imprescriptible, consubstantiel à notre identité.

Boualem Sansal est de ces esprits libres qui n'acceptent ni les compromissions ni les renoncements. Il a dénoncé les dérives islamistes quand tant d'autres détournaient les yeux. C'est parce qu'il a vu, pendant la décennie noire, l'Algérie sombrer dans les abîmes de ce totalitarisme impétueux qu'il n'a cessé de nous mettre en garde contre l'infiltration en France de ses reflux conquérants. Il a payé le prix de cette lucidité en étant exilé, censuré et, aujourd'hui, arrêté.

Écrire est résistance. Il est une manière de dire non à l'oppression, non à l'endoctrinement, non au dogmatisme, non à cette mécanique implacable qui veut que la peur règne en maître. Écrire, c'est refuser l'effacement, c'est graver dans l'histoire le témoignage d'un combat.

Boualem Sansal est un de ces éclaireurs de ténèbres, un de ces veilleurs de l'humanité, une de ces lumières face à l'ombre. À travers les âges, contre les murs du silence et de la peur, des écrivains se sont levés, brandissant la plume comme un flambeau, refusant de se courber sous le joug des dictatures. Leurs mots sont des armes, non pour blesser, mais pour ouvrir les esprits, briser les chaînes invisibles qui enferment les peuples dans l'obscurité d'un pouvoir oppresseur.

Le combat de Boualem Sansal est le nôtre, celui de la liberté, de la dignité humaine, du droit inaliénable de penser, de s'exprimer, de créer. Alors que l'obscurantisme cherche encore à étouffer la lumière, rappelons-nous que la littérature a toujours survécu aux tyrans. Les écrivains de la liberté vivent dans chaque mot qui éclaire, dans chaque phrase qui libère, dans chaque esprit qui refuse de se soumettre.

Boualem Sansal, vous êtes et resterez une lumière dans la nuit, une étoile qui guide les esprits en quête de vérité et de justice. Votre plume est immortelle, et aucun barreau, aucun interdit ne pourra en altérer l'éclat.

Plus encore depuis votre détention arbitraire, vous êtes le visage de la République. Venu d'ailleurs, devenu d'ici, vous nous redonnez le sens de nous-mêmes. Nous ne cesserons jamais de nous battre pour votre libération, car à travers elle, c'est aussi la nôtre qui se joue.

Paul Éluard écrivait à propos des victimes des camps de la mort : « Si l'écho de leurs voix faiblit, nous périrons. » Si Boualem Sansal finit ses jours dans les geôles d'un pouvoir tyrannique, nous aurons failli devant le miroir de nos renoncements, de nos lâchetés et de nos turpitudes.

Aux esprits libres, nous devons bien plus qu'un hommage. Nous leur devons la vérité, la mémoire et, surtout, la promesse de continuer le combat.

Liberté !

***Arié Bensemhoun** est directeur général d'ELNET France (European Leadership Network) depuis 2011. Il est chirurgien-dentiste de profession et a mené sa carrière dans le secteur privé en tant que consultant en communication, relations publiques et relations internationales. Il est chevalier de l'Ordre national du mérite.*

5 COMMENT ENCHAÎNE-T-ON LES ESPRITS LIBRES ?

PETIT GUIDE DE L'ARBITRAIRE À L'USAGE DES DICTATURES

« D'un certain point de vue, le silence des intellectuels est le vecteur le plus fort de l'islamisme. Ils portent en effet une responsabilité lourde : en se dérobant à leur fonction sociale qui est d'expliciter à leur société les enjeux auxquels elle est confrontée, ils livrent la population et notamment les franges les plus fragiles, les jeunes, au chant de l'islamisme et du bazar ou à la corruption et au despotisme des pouvoirs arabes. »

Boualem Sansal, *Gouverner au nom d'Allah, islamisation et soif de pouvoir dans le monde arabe*, Gallimard, 2013.

Otages et désespoir !

Shmuel T. Meyer

Un mercredi pluvieux. La nuit n'est pas tombée. Les voitures froissent la soie de l'asphalte. Idir et Saïd ont fini de cellophaner les cassettes des musiques interdites, celles d'Idir, d'Aït Menguellet, de Matoub Lounès, des DjurDjura, d'Enrico Macias – la liste est longue –, que nous cachons dans des boîtiers d'Oum Kalthoum, de Farid El Atrache ou Fairuz. Tout est prêt pour la traversée de la Méditerranée.

Trois types entrent dans le magasin à l'enseigne d'Azwaw au 55 de la rue Marcadet. Il pleuviote toujours et l'un des trois, le plus jeune, se peigne avec ses ongles pour un effet gomina. Le plus âgé, qui entretient une moustache patriarcale comme les galons d'un sergent, lance à la cantonade, avec une solennité presque touchante : « Le président Houari Boumédiène est mort... en signe de deuil, fermez le magasin ! » Idir, bravache, me demande si ça me dérange d'aller chercher une bouteille de champagne au restaurant de Saïd, sur le boulevard Barbès, à moins de cent mètres, avant de défier les agents consulaires par un : « C'est jour de fête alors, vous ne restez pas pour trinquer ? »

Nous ne trinquons pas à la mort d'un dictateur. Nous n'avons pas trinqué en ce mois de décembre 1978, l'hiver était là et il pleuvait froid rue Marcadet et sur les rues d'Alger, et personne dans le magasin n'ignorait que des fonctionnaires zélés, corrompus et cruels, continueraient leurs basses œuvres, baissant toujours, encore et toujours, les rideaux de fer des commerces, de l'esprit et du verbe.

Cette anecdote, qui sonnera bientôt son demi-siècle, m'est revenue en mémoire lorsque Boualem est devenu « mon » cent-unième otage

– les cent premiers, mes compatriotes, mes camarades des *kibboutzim*, dans les gravats de Gaza par la volonté combinée et coordonnée de la cruauté islamiste et de celle des mafio-messianistes de Jérusalem. Plus de 455 jours en Palestine, déjà 60 pour mon ami en Algérie.

On ne choisit pas « ses » otages – ceux, innombrables et dignes de soutien, qui peuplent les prisons du monde –, ce sont eux qui nous choisissent. Ils nous choisissent par leur proximité, le souvenir de leur parfum, du contact de leurs mains ou de leurs joues, l'écho de leurs voix et de leurs rires, le partage de nos paysages communs, et nous nous emplissons de peur, de rage et d'effroi.

Erreur ? Coquille ? Duperie ? La presse et la « toile d'araignée » se divisent sur l'âge exact de Boualem lorsque le *capo dei capi* d'El Mouradia, Tebboune, bâtardise l'écrivain, efface son père, le dénoue de sa matrie. Que reste-t-il de son existence ? Au mieux peut-on espérer que Boualem soit encore une marchandise négociable, et que les « raisons d'État » ne nous expliquent pas, une fois encore, la nécessité de l'ignominie.

Mon compatriote palestinien, Émile Habibi, a inventé le concept d'*optissimisme* pour syncrétiser deux forces contraires qui, loin de s'affronter, s'enchevêtrent, pour ne pas laisser à l'espoir des droits sur le réel et les dérives de la nature humaine.

À l'heure où les lumières se voilent dans les *clouds* et dans la poussière des ruines de Gaza, du Kivu ou de Marioupol, il est tentant de ne pas ajouter de faux bonheurs en nommant mal les choses.

De nos conversations affectueuses, fraternelles, avec Boualem, il demeurait toujours après nous une certaine odeur acide de désespoir.

***Shmuel T. Meyer**, écrivain israélo-français, est lauréat du Goncourt de la nouvelle 2021. En juillet 2012, il organise un comité d'écrivains qui remettra à Boualem Sansal, pour son roman* Rue Darwin, *la somme qui le verra récompensé du prix du Livre arabe, et que les ambassadeurs arabes en France refuseront de lui remettre après la visite de l'écrivain algérien en Israël.*

De la liberté

Smaïn Laacher

On arrête un écrivain franco-algérien, Boualem Sansal, lauréat, parmi beaucoup d'autres distinctions, du Grand Prix de la francophonie et du Grand Prix du roman de l'Académie française. On en diffame un autre, Kamel Daoud, lui aussi franco-algérien et lauréat du prix Goncourt. À la manœuvre, et pour le moins sans nuance, les autorités algériennes. Nos deux auteurs incarnent ce qu'il peut y avoir de « pire » dans leur société d'origine : la liberté de penser en dehors des catégories de la pensée d'État. Le pire du pire est lorsque cet État est dictatorial, autrement dit un État quasi absolutiste, qui n'admet aucune autre vision (du passé, du présent et de l'avenir) que la sienne et qui va de pair, bien entendu, avec un gouvernement des hommes sans aucun contrôle ni contre-pouvoir.

Mais il y a plus, si je puis dire. En Algérie, comme ailleurs dans le monde arabo-musulman, l'intolérance, cette « répugnance » à accepter une opinion ou une croyance différente, est relativement courante, quel que soit le milieu social. Mais le complotisme, l'antisémitisme et l'aversion pour la liberté d'expression et de conscience sont généralement mêlés et institués en *une vision et une pensée d'État*. Boualem Sansal et Kamel Daoud, entre autres, ne sont, de ce point de vue, que des révélateurs, des loupes grossissantes d'un état général dans lequel se trouve structurellement et culturellement la société algérienne et, plus largement, les sociétés arabes. Il suffit, sans commentaire supplémentaire, ni radicalité aucune dans mon propos, de lire avec attention le communiqué, et tous les sous-entendus qui lui sont attachés, de l'APS (Algérie

Presse Service), publié le vendredi 22 novembre 2024 : il est constitutif d'un habitus politique ancien, déjà présent au sein du mouvement national algérien.

« Tout le bottin anti-algérien et accessoirement pro-sioniste de Paris s'est levé comme un seul homme : Éric Zemmour, Mohamed Sifaoui, Marine Le Pen, Xavier Driencourt, Valérie Pécresse, Jack Lang, Nicolas Dupont-Aignan et, évidemment, Tahar Ben Jelloun, son ami marocain qui récupère d'une sciatique à force de baisemain à Mohamed VI [...]. La France macronito-sioniste qui s'offusque de l'arrestation de Sansal (à l'aéroport d'Alger) n'a toujours pas déclaré au monde si elle a la souveraineté nécessaire de pouvoir arrêter Benjamin Netanyahou, si jamais il se pointerait [*sic*] à l'aéroport Charles de Gaulle ! »

Et, comme si ce communiqué officiel pouvait, malgré sa clarté et son univocité, possiblement laisser un quelconque doute quant à la « position » de l'État algérien sur l'emprisonnement de Boualem Sansal, le dernier mot, le mot ultime, fut énoncé par le chef de l'État algérien lui-même : « Vous envoyez un imposteur qui ne connaît pas son identité, ne connaît pas son père et vient dire que la moitié de l'Algérie appartient à un autre État » (*Le Monde*, avec l'AFP, le 30 décembre 2024). Avec un mépris marqué, Boualem Sansal est renvoyé à son *insignifiance ontologique* et à sa misérable existence dénuée de filiation et de mémoire. L'écrivain n'est qu'un dérisoire gadget inculte et sans cervelle aux mains d'une cohorte d'ennemis éternels de l'Algérie, en premier lieu la France.

En France, face à la violence d'État autoritaire ou dictatorial exercée sur les écrivains, artistes et intellectuels algériens, et plus largement arabes, la défense de ces consciences universelles est d'une mollesse coupable. Il s'agit pourtant de principes intangibles, ceux de la liberté de conscience et d'expression, sur lesquels on ne devrait jamais transiger. Que les opinions de ces auteurs soient discutées, voire contestées, rien de plus normal en démocratie. Mais il s'avère, dans les faits, que tout le monde n'est pas digne d'être défendu lorsqu'il est diffamé, persécuté ou emprisonné pour « délit d'opinion ».

Des deux côtés de la Méditerranée, la disqualification physique et/ou symbolique à l'égard de nos deux auteurs renvoie à une accusation explicite et publique en Algérie et, en France, à une hypocrisie qui a cours chez certains moralistes médiatiques. Dans les deux cas, avec plus ou moins de vigueur et d'antipathie, il s'agit de fustiger la figure du traître. Boualem Sansal, Kamel Daoud sont considérés comme des traîtres.

QUALITÉS ONTOLOGIQUES

Ils sont supposés être des Arabes musulmans toujours du côté des Arabes et des musulmans. Mais ils trahissent leur identité arabo-musulmane et leur pays d'origine en prenant le parti des libertés de conscience. Ils ne peuvent pas, ils ne doivent pas, ils n'ont pas le droit d'être autre chose que des « Arabes » et des « musulmans ». Ils sont habités, par essence, par ces deux qualités ontologiques. Déroger à cette appartenance est proprement inadmissible, inouï ; c'est commettre un attentat à la dignité d'une nation et d'une confession. Le traître est celui qui a commis l'abject et l'irréparable : il a rejoint le camp d'en face. Il a lâché les « siens » qui, comme toujours, se présentent comme des victimes, faisant supposément l'objet d'attaques incessantes de forces hostiles, venues de l'étranger. Il « manque » à son peuple, à sa nation et à sa religion. Bref, c'est un infidèle et un déloyal.

Et d'ailleurs, lorsqu'il est visé pour sa supposée traîtrise, l'injure qui lui est adressée est toujours *ad hominem*. Il a un nom propre et c'est ce par quoi il est nommé, et donc identifié ; ce qui le rend responsable en personne de l'acte qu'il commet et de ses conséquences. Là-bas, en Algérie, les mots sont sans ambiguïté : « vendu », « collabo », « harki », « sioniste », « francisé sionisé », etc.

Ici, en France, il existe aussi la figure du traître. Nous ne sommes nullement à la traîne, en particulier sur les réseaux sociaux : « Arabe de service », « nègre de maison », « traître à ta race », et aussi, en un peu moins vulgaire, « zemmourien », « facho », « réactionnaire », etc. Autant de signes distinctifs pouvant exposer les accusés à de grands risques. Boualem Sansal et Kamel Daoud, en particulier.

Dans les sociétés fermées et à l'État-nation fragile (non au sens du droit mais au sens politique et culturel), la figure du traître hante tous les nationalistes, les chantres de la pureté ethnique et les dévots de l'authenticité du dogme religieux. Ces différents espaces de contrôle social et de mise en conformité idéologique fondent un mode de gouvernement des hommes par la police et la peur. Ce qui, bien souvent, ne laisse d'autres choix aux intellectuels et aux artistes algériens (et arabes) que la prison, le cercueil ou l'exil.

ENNEMI EXISTENTIEL

Mais le plus important est ailleurs. La question est de savoir à quoi sert un traître en tant qu'il est une des figures majeures des États autoritaires et nationalistes. Formulons quelques hypothèses. Il soude les siens, dissuade ceux qui veulent sortir du rang, et légitime la répression de toute pensée critique. Dans le même mouvement intellectuel, il contribue à préciser et à définir ce que Carl Schmitt[1] appelait l'« ennemi existentiel ». Celui-ci, en voulant s'affirmer comme supérieur à moi, m'oblige à affirmer à mon tour avec force et même avec violence mes « valeurs », ma « culture », ma « personnalité authentique », la grandeur de ma confession. Le traître n'est pas à proprement parler un ennemi, car ce dernier ne se présente jamais, en temps de guerre entre États ou même de conflits « asymétriques » (État contre groupes terroristes sans frontières), comme celui qui a déserté, abandonné les siens. C'est le traître qui « rallie » l'ennemi, jamais l'inverse. L'ennemi est une entité collective hostile, violemment néfaste et menaçante.

Boualem Sansal et Kamel Daoud, au-delà de leur fragile personne, désignent, malgré eux, l'Autre avec un grand A, associé à la guerre et à l'affrontement à mort. L'Autre, c'est le danger permanent. En un mot, ces deux auteurs symbolisent l'« Occident dépravé », le « colonialisme », le « sionisme », la « France », les « Croisés », les « kouffars », etc. Autrement dit, une idée ou, mieux, une abstraction

1. Carl Schmitt (1888-1985), théoricien allemand du droit, qui adhéra au Parti national-socialiste.

que l'on considère comme réelle. Si le traître vient en appui de l'ennemi, il n'a en réalité quasiment aucun pouvoir sur la définition des enjeux qui structurent la confrontation. Il est, d'abord et avant tout, celui que l'on traîne dans la boue, que l'on exclut de sa communauté d'appartenance pour avoir mal pensé. Finalement, c'est un être particulièrement commode, car c'est par lui que l'on désigne publiquement son ennemi pour lui dire sa haine et sa vengeance.

***Smaïn Laacher** est sociologue, professeur émérite à l'université de Strasbourg et directeur de l'Observatoire du fait migratoire et de l'asile de la Fondation Jean-Jaurès et auteur de* L'Immigration à l'épreuve de la nation*, L'Aube, 2024.*

L'homme-livre

Martine Gozlan

Quel vertige. Notre ami – l'homme de douceur et de raison qui répondait à chaque appel, chaque mail, chaque demande d'entretien, d'éclairage, de solidarité – a été happé dans le trou noir qu'il décrivait dans ses livres. On tournait les pages, fasciné par sa description rigoureuse de l'enfer imaginaire. Désormais nous tournons et retournons ces jours et ces nuits où il survit au cœur noir de l'enfer réel. Boualem Sansal est devenu l'Ati de son *2084*, le révolté de l'Abistan, ce concentré de tous les totalitarismes inventés par les hommes pour détruire l'intelligence. On y parle l'abilang, un dialecte qui a effacé toutes les langues antérieures, suspectes d'ouvrir l'esprit aux interrogations. Ati défie le système qui lui interdit de penser. La terrible concordance des temps a donc transformé la fiction en réalité. Boualem, comme Ati, espérait franchir la frontière derrière laquelle survivait un autre monde avec un ciel vidé de sa terreur. Il nous a rejoints et a identifié immédiatement les périls qui menacent notre liberté : le fanatisme, la servilité, la haine de la beauté et l'interdit sur les mots. Lui-même les avait traversés et décrits. Très vite, nous le lisons, le remercions et l'aimons. Pourtant il n'a pu se résoudre à ne plus revoir le sol natal et dangereux, ne plus se gorger de son soleil intime quand il se levait sur l'horizon de Boumerdès. Le fil qui l'a ramené vers l'Algérie devait être ténu et léger, comme sa démarche et sa silhouette. Mais, au moment où le passager a touché terre, le fil s'est changé en chaîne. Stupéfiante et terrible allégorie. C'était écrit. Par l'auteur et ses personnages. Par l'auteur-personnage. Ce vol pour Alger, il l'a pris au plus mauvais moment, dira-t-on. Justement. « Il n'y a rien que de très normal dans l'exceptionnel, écrit-il dans *Vivre* (Gallimard, 2024), et l'on peut aussi dire que l'inhabituel n'est que l'addition bizarre des choses les plus courantes. » Boualem-Ati retournait vers l'Abistan, l'Absurdistan, et l'empire s'est vengé. Pour l'arracher à sa prison, nous devons user de toutes nos forces par la plume, l'appel, l'amitié, la persévérance. De toutes nos forces, fussent-elles fragiles comme le battement d'ailes de l'oiseau voletant au-dessus du cachot.

***Martine Gozlan**, journaliste et écrivain, a consacré de nombreux ouvrages à l'islamisme et à ceux qui se battent contre l'obscurantisme au Maghreb et au Moyen-Orient. Elle est la rédactrice en chef de la revue* Écran de veille.

Lutter pour la liberté

Dominique Schnapper

C'est un homme doux, dont la parole est discrète. Pas d'éclat de voix, ni de formules à l'emporte-pièce, ni d'éléments de langage. Il parle doucement. Pourtant, son talent d'écrivain l'installe parmi les plus grands.

Parole discrète mais ferme. Boualem Sansal cherche la vérité, et pas seulement *sa* vérité. C'est un homme libre, libre de penser, libre de critiquer, libre de s'exprimer. On pensait – il pensait sans doute – que ce courage tranquille assurait sa « sûreté », pour adopter le vocabulaire de la Déclaration des Droits de l'homme et du citoyen. Nous le savions indomptable dans sa manière d'exister, et nous avions l'illusion que cette force le protégeait.

C'était négliger la logique propre aux totalitarismes. Pourtant, l'expérience du XXe siècle aurait dû nous l'enseigner une fois pour toutes. Les totalitarismes modernes ne se caractérisent pas seulement par la tyrannie des gouvernants, mais par la manipulation des corps et des esprits, par la violence et le mensonge.

La première étape, c'est l'institution du mensonge qui va décerveler le peuple. Les mots perdent leur sens pour devenir les instruments du mensonge de l'État. La tyrannie est la liberté ; l'agressé est l'agresseur ; celui qui manifeste sa liberté de penser est le traître, il doit être condamné au nom de la menace qu'il porterait contre l'ordre public. Orwell nous avait prévenus. Le langage peut corrompre la pensée.

Déplorons une fois de plus que les intellectuels français n'aient pas été unanimes pour protester contre la décision du gouvernement algérien, et se soient benoîtement interrogés pour savoir s'il fallait manifester son indignation et sa solidarité avec un écrivain qui serait défendu par leurs adversaires politiques « de droite ». Ainsi, dans les années 1940-1950, les intellectuels de l'époque se demandaient s'il fallait révéler l'existence des camps soviétiques, en faisant ainsi le jeu de la droite. Ceux d'aujourd'hui n'ont rien appris. Nous retrouvons la même collaboration intellectuelle avec les ennemis de la démocratie. Le 15 janvier 2015, nous ne défilions pas par amour pour *Charlie Hebdo*, mais pour défendre un principe.

Ce qui donne un sens à la vie des humains – et que la démocratie, malgré ses imperfections, s'efforce de maintenir –, c'est la liberté de penser et de rechercher la vérité. Il est honteux que nous ne soyons pas plus nombreux à descendre dans l'arène pour défendre ce qui donne un sens à notre vie. Si les démocrates ne sont pas prêts à lutter pour la liberté, la démocratie ne survivra pas à l'agression de ses ennemis. Ceux qui veulent éliminer d'une façon ou d'une autre les combattants de la liberté menacent non seulement la vie de Boualem Sansal, cet homme doux, ce grand écrivain, mais chacun d'entre nous.

***Dominique Schnapper** est directrice d'études à l'École des hautes études en sciences sociales (EHESS), membre honoraire du Conseil constitutionnel, présidente du comité des sages de la laïcité au ministère de l'Éducation nationale, et du Musée d'art et d'histoire du judaïsme. Elle est l'autrice de nombreux ouvrages de sociologie qui traitent de l'idée républicaine.*

Quand le langage totalitaire impose sa loi

Boris Cyrulnik

J'apprends que Boualem a été arrêté alors qu'il rentrait chez lui. A-t-il commis un crime ? Il semble que non. A-t-il détourné de l'argent ? Il ne sait pas ce que c'est. A-t-il fait un hold-up ? Il en est incapable. Violé une femme ? Maltraité un enfant ?

J'ai découvert son crime : en écrivant ce qu'il pense, il a déplu aux décideurs politiques de son pays, l'Algérie, mais il n'a pas déplu aux décideurs de son autre pays, la France. Dans certains pays, il est interdit de penser par soi-même : cela mérite la prison, et cela révèle comment fonctionnent ces pays où il est interdit de penser.

Vous avez certainement remarqué que lorsqu'un dictateur s'empare du pouvoir, sa première cible, c'est la télévision. Il envoie les soldats, emprisonne les journalistes qui ne pensent pas comme le chef, et donne une promotion à ceux qui répètent les paroles du dictateur. L'ordre règne alors, mais c'est l'ordre des cimetières. Les corps sont surveillés, et les âmes qui ne cessent de répéter les récitations imposées s'éteignent.

C'est un phénomène fréquent dans l'histoire des hommes, mais, toujours, il révèle le bonheur dans la soumission. Car le fait de ne pas penser rend heureux ! Donc, suggère le gouvernement algérien, puisque Boualem invite à penser, il risque de stimuler les consciences, de provoquer des désaccords, c'est un terroriste, il mérite la prison. *Penser*, dans certains pays, est pénalisable !

On a connu ça en France après la défaite de Sedan, quand les instituteurs avaient pour mission d'embrigader les enfants des écoles en leur enseignant la haine des boches, ce qui a mené à la guerre de 1914-1918. Tout de suite après, les enseignants allemands ont appris aux écoliers la haine des Français, ce qui a mené à la Seconde Guerre mondiale. On a connu ça dans la Roumanie de Ceausescu, où les citoyens devaient tous les six mois poster leur « autobiographie » au commissariat. « Autobiographie ? » « Où, disait le commissaire, et avec qui avez-vous parlé ? De quoi ? Vous êtes-vous revus ?... Ce début d'attroupement risque de faire un groupe contestataire qui va troubler la société. Vous méritez la prison. » Presque tous les pays ont connu les guerres de religion, où l'on ne peut pas argumenter parce que le moindre désaccord est appelé « blasphème », et mérite la mort au nom de la morale.

Ceux qui se soumettent à un récit totalitaire peuvent alors emprisonner sans honte et tuer sans culpabilité. L'ordre règne quand il n'y a plus de choix, quand on a brûlé les livres et fait taire ceux qui veulent penser, donc mettre en question et douter.

J'ai rencontré Boualem à l'Institut Montaigne à Paris, où les organisateurs avaient organisé un échange entre nous. J'ai d'emblée été séduit par sa clarté, son érudition et son absence d'agressivité. Il suffisait de discuter, il n'était même pas question de convaincre, tant nous acceptions les désaccords. Cette forme de liberté mène à la démocratie. Devinez à quoi mène un récit qui ne fait que répéter les mots du chef ? Mais ça rend heureux, on n'a plus l'angoisse du choix quand tout le monde scande les mêmes mots. C'est même euphorisant, on n'a que des amis – mais ça arrête la pensée.

Puis nous nous sommes revus. Cet homme a une formation scientifique et accepte donc l'évolution des idées, ce qui est un crime pour ceux qui veulent imposer leurs idées : à chaque rencontre, nous discutions d'anthropologie, de psychologie, d'évolutions culturelles ; j'étais loin de penser qu'un jour cette liberté intérieure le mènerait en prison. Dans certains pays, ça mérite une punition. Quand le langage totalitaire impose sa loi, c'est toujours le symptôme d'une maladie sociale grave. L'Algérie serait-elle socialement malade ?

Chaque fois que je suis allé dans ce beau pays, invité à Constantine et à Alger par des universitaires, j'ai été enchanté par la chaleur de l'accueil. Quand j'ai pu voir plusieurs villes, grâce à l'Institut français, les auditeurs dans la salle savaient parfaitement qui ils avaient invité et, après les conférences et dans la rue, des passants venaient se confier ; ils me racontaient leur estime pour la France, et parfois leurs désaccords. Ces gens-là ne sont plus représentés par leur gouvernement. Mauvais présage pour ce pays. « C'est dans les déserts de sens que naissent les sorcières », disait Michelet. Quand on met en prison des Boualem, on remporte une misérable victoire momentanée, mais quand on fait taire les hommes, il ne faut pas s'étonner des explosions qui suivent.

Boualem, tiens bon, on compte sur toi.

Boris Cyrulnik *est neuropsychiatre. En 2017 et 2020, Boualem Sansal et Boris Cyrulnik ont dialogué dans deux ouvrages, dont l'un concernait la géopolitique de la Méditerranée* (L'Impossible Paix en Méditerranée, *éditions de l'Aube), et l'autre se penchait sur les relations franco-algériennes* (France-Algérie, résilience et réconciliation en Méditerranée, *Odile Jacob).*

Suspicion généralisée

Eva Illouz[2]

— **En Algérie comme en France, des intellectuels ont tenté de délégitimer le discours critique de Boualem Sansal. Comment interprétez-vous ces tentatives ? Relèvent-elles d'une transformation plus large du rôle de l'intellectuel dans l'espace public ?**

— En sociologie, je note la différence avec l'affaire Dreyfus. Je pense que les intellectuels qui avaient pris son parti ne se demandaient pas pour qui Dreyfus votait, quelle était son opinion sur la place publique. On se demandait si ses droits avaient été bafoués. Si la vérité avait été bafouée. Si l'État avait abusé de son pouvoir. Vérité et Droits universels ne sont plus audibles. Pour être victime, il faut désormais être une bonne victime, une victime qui a la bonne opinion ou appartient au bon groupe. « Ce n'est pas un ange dans ses positions », nous dit Sandrine Rousseau. On ne se demande pas s'il est incarcéré à tort ou à raison, mais ce qu'il pense. Même si Sandrine Rousseau a condamné l'arrestation, elle met une réserve à son soutien. Parce que ce n'est pas un être humain qu'on veut soutenir, ce n'est pas une cause, mais quelqu'un qui a la bonne opinion.

Que veut-on délégitimer chez Sansal ? Pas seulement une parole, pas seulement une pensée, mais sa façon d'investir l'espace public.

Sansal n'aime pas les fanatiques et le fanatisme ; il n'aime pas le monolinguisme ; il n'aime pas le régime dictatorial islamiste ; il ne croit pas aux idéologies d'État ; il ne défend pas forcément et

2. Entretien réalisé par Quentin Verwaerde.

mécaniquement les intérêts de son pays puisqu'il pense que le sud-ouest de l'Algérie appartient au Maroc. Il ne déteste pas Israël et est peut-être même sympathisant de l'idée que les Juifs aient un pays ; il s'intéresse au nazisme, chose peu courante en Algérie. Il ne croit pas beaucoup aux identités fixes et fières. Il se fiche suffisamment de ses positionnements politiques pour se faire interviewer, l'imbécile, par un média d'extrême droite (*Frontières*). Il se refuse à ne voir son pays de naissance, l'Algérie, que sous le prisme victimaire du colonialisme, sans pourtant renoncer à y vivre la plus grande partie de sa vie. L'histoire coloniale ne l'empêche pas d'aimer la France et la langue française, alors qu'il aurait dû haïr le pays colonialiste. Il se refuse à mettre en acte la mémoire de son pays. Le politiste Nedjib Sidi Moussa va jusqu'à penser que les Français aiment et défendent les auteurs qui « réhabilitent le colonialisme français » et que c'est pour cela que nous défendons Boualem Sansal, pas parce qu'il représente une cause juste, mais parce que nous voulons défendre le colonialisme. Pas parce que nous avons le droit de préférer un régime qui n'enferme pas les écrivains et les détracteurs de l'État et de la religion fanatique. Nous avons désormais des intérêts cachés. Ce qui a changé dans la sphère publique, c'est la suspicion généralisée que tout le monde a des intérêts. Défendre une cause parce qu'elle nous semble juste devient désormais suspect.

Sansal aurait dû être l'objet privilégié des combats intellectuels. Et pourtant, c'est l'inverse qui s'est passé. C'est un miroir inverse de l'affaire Dreyfus. Ce n'est plus la vérité de son crime ou l'abus d'autorité qui préoccupent nos intellectuels, mais plutôt de savoir s'« il fait le jeu » de quelqu'un d'autre, si ses positions sont alignées avec un camp adverse, si le décolonialisme y perd ou y gagne quelque chose.

— Sansal aurait « trahi le sentiment national », selon le gouvernement algérien, et ses écrits ne relèveraient rien moins que du « suprémacisme », a-t-on pu entendre à gauche. Comment analysez-vous cet usage des affects ?

— Je comprends qu'il soit vu ainsi en Algérie et je comprends que le sentiment de la déloyauté soit difficile à supporter. Je comprends parce que je connais cela d'Israël où l'extrême droite qualifie les ONG qui œuvrent pour dénoncer l'occupation de *traîtres*. Mais c'est cela, la différence entre les régimes politiques faits d'institutions fondées sur des idées de liberté et de respect des droits, et des régimes politiques fondés sur une communauté religieuse ou ethnique homogène. La question de la loyauté se pose dans ce dernier cas de façon aiguë. Les communautés veulent toujours votre loyauté. Elles ne veulent jamais votre liberté de penser et de parler. C'est particulièrement vrai des communautés qui vivent dans la mémoire des crimes commis contre elles. La mémoire de la souffrance exige une loyauté indéfectible.

— Comment interprétez-vous la place et l'usage des appartenances identitaires autour de Sansal ?

— L'intellectuel traditionnel avait deux caractéristiques : il se voulait au-dessus de la mêlée, dans une position de surplomb pour ne pas être pris dans la glu des appartenances ; et il pratiquait ce que Foucault appelait la *parrhèsia*, il disait la vérité au pouvoir. C'est cela qui a changé. Un intellectuel désormais parle à partir d'un groupe, représente un groupe, et sa parole ne le met en danger que dans son groupe, pas tellement vis-à-vis du pouvoir. Par exemple, une femme née musulmane qui dénonce les dérives islamistes, comme l'humoriste Sofia Aram, a d'abord pour ennemi son groupe. Un Juif antisioniste ne fera pas partie de la communauté juive officielle. Ce sont les communautés, parfois par ailleurs opprimées, qui exercent un fort pouvoir de censure sur la parole des intellectuels.

— L'emprisonnement d'un écrivain de la qualité de Sansal est-il un signe des temps – un signe que la parole littéraire a perdu, dans la cité, son autorité morale ?

— La littérature n'a jamais eu d'autorité morale, et heureusement. La littérature brouille ou bouscule les catégories morales. Je prends un exemple presque au hasard : *La Lectrice* de Bernard Schlink (1995) est l'histoire d'une ancienne tortionnaire nazie, analphabète, dont tombe amoureux un avocat, lui-même horrifié par le passé de son pays. Il est impossible de lire ce roman sans voir ce personnage, Hannah, avec un mélange de révulsion et de compassion. C'est cela la littérature, c'est créer des ambiguïtés morales, c'est télescoper des émotions qui ne se rencontreraient pas autrement.

Le discours qui a une autorité morale est celui qui ne se fait pas prendre par le désir quasi religieux de défendre la cause bonne, mais qui est capable d'intégrer dans sa pensée des faits qui ne plaisent pas forcément à sa propre communauté, qui essaie de réfléchir sur la complexité et les contradictions du réel. On ne comprendra rien au vote d'extrême droite si on s'entête à le réduire à un vote raciste. Il est aussi un vote de protestation. On ne comprendra rien à Israël si on le voit seulement sous le prisme du colonialisme. Il y a dans le sionisme des éléments coloniaux et anti-coloniaux. C'est cela toute l'ambiguïté et la difficulté de la méthode « compréhensive » prônée par Max Weber : il s'agit de comprendre ce qu'on n'aime pas sans le justifier. Il faut aussi se saisir du réel en restituant ses attributs contradictoires. Il faut penser contre soi-même.

***Eva Illouz**, sociologue, est directrice d'études à l'École des hautes études en sciences sociales (EHESS).*

6

L'AVEUGLEMENT À TOUT PRIX : DESTINS DU FANATISME

« Jusque-là, dans le monde arabe, nous n'avons connu les islamistes que dans l'opposition, pacifique ou armée. À présent, ils sont au pouvoir. C'est réellement une nouvelle ère qui commence pour les pays "arabes". Pour le monde aussi, peut-être. »

Boualem Sansal, *Gouverner au nom d'Allah, islamisation et soif de pouvoir dans le monde arabe*, Gallimard, 2013.

Avec Boualem Sansal

Éric Marty

Quelques mots sur Boualem Sansal. Quelques mots seulement ? Oui, et pas tant *sur* lui qu'à son propos, et avec lui.

Je me suis rendu en Algérie une seule fois. C'était en mars 1993. Au commencement, donc, de ce qu'on appelle la décennie noire, qu'on situe généralement entre 1992 et 2002. Une provocation totalement inconsciente, puisque c'était pour participer à un colloque sur « André Gide et l'Algérie » organisé par le Centre culturel français et qui se tenait dans les locaux de l'Université d'Alger. Il fallait alors beaucoup de naïveté pour avoir eu une pareille idée. J'y ai parlé du jeune Athman que Gide rencontra en Algérie à Biskra dans les années 1890. J'avais intitulé mon intervention « Le poète sans livre », car Gide recueille les poèmes de son jeune ami que celui-ci improvisait sans jamais les écrire.

J'ai seulement compris notre inconvenance majeure en visitant Alger et en dînant avec Rachid, mon beau-frère algérien (mon frère étant alors marié avec une femme de nationalité algérienne). Celui-ci m'a longuement décrit les agissements du FIS (Front islamique du salut), il m'a parlé tout aussi longuement et aussi précisément des élections que les islamistes venaient de remporter, et de leur annulation par le pouvoir. Il m'a décrit la campagne électorale et les moyens de la propagande utilisés. Il avait été fortement impressionné par l'usage des lasers dans le ciel, le soir des grands meetings, qui dessinaient le nom d'Allah, et la croyance unanime alors de la foule dans le fait que Dieu, que le Dieu réel, s'était manifesté.

Et, tout en marchant ou en roulant dans Alger, ville si étrange, presque fantôme par l'urbanisme si provincial et si français qui domine tout, je pensais alors aux vers d'Athman :

Si Rhamadan était un homme,
Moi-même je lui casserais les genoux
mais Rhamadan est venu de Dieu
Moi et toi nous acceptons ses souffrances.

La ferveur de la foule était si forte que mon beau-frère me confia qu'il avait lui-même été sur le point d'y croire. J'essayais d'imaginer l'état d'exaltation mystique et politique qui régnait alors, et je me disais que je n'aurais moi-même peut-être pas manqué d'y céder, au moins un instant, comme Rachid. Je n'avais pas lu alors les textes si profonds et si inquiétants de Foucault lors de ses séjours en Iran en 1978, où, retrouvant Bataille, Blanchot et Sade, il comprend comment un soulèvement peut être conduit par une métaphysique de la mort, ce qu'il appelle si intelligemment une « révolution de maîtres », c'est-à-dire un soulèvement de mort et de domination, expression incompréhensible si on ne la rapporte pas au Foucault de la « pensée du dehors », au Foucault des années 1960.

Venir à Alger en 1993 parler de Gide était une folie innocente. Y venir pour parler de Sade et de la pulsion de mort à l'œuvre dans cette guerre civile qui allait commencer, qui était presque déjà commencée, cela aurait été une autre folie, mais une folie plus brutale et plus vraie, et donc moins indécente.

C'est cette folie qui fonde historiquement l'écriture de Boualem Sansal ou bien celle de Kamel Daoud, comme un trauma inaliénable. L'emprisonnement dont Boualem Sansal est victime aujourd'hui est à la mesure du risque qu'il a pris en voulant regarder en face son pays avec amour et exigence, exigence de vérité. Folle vérité.

Aujourd'hui ce ne sont pas les Savonarole qui règnent en Algérie ; ils ont apparemment été digérés et recyclés par le pouvoir. Ce sont les Tartuffes qui gouvernent et qui dominent. On voit qu'ils sont aussi monstrueux que ceux dont ils avaient annulé la victoire en

1991. Courage à Boualem Sansal qui sait ce que veut dire écrire, qui sait ce qu'il risquait à l'écrire et qui n'a peut-être pas lu Sade, mais qui a lu Molière.

***Éric Marty** est écrivain et universitaire. Romancier, il vient de publier* Frédéric *aux éditions du Seuil, coll. « Cadre rouge ». Il est aussi l'auteur d'essais remarqués, comme* Le Sexe des Modernes, *paru aux éditions du Seuil en 2021*

L'air de rien

Michaël Prazan

J'ai d'abord connu Boualem Sansal par la rumeur. À l'époque, j'ignorais à quoi il ressemblait, et je ne l'avais jamais lu. Des amis et quelques articles évoquaient en sourdine cet écrivain algérien qui avait l'audace de dénoncer l'islamisme et l'antisémitisme, deux maladies terriblement contagieuses dont souffre le monde arabe en général, et l'Algérie en particulier.

Je ne pourrais pas vraiment dire quand cette rumeur est parvenue à mes oreilles. En revanche, je me souviens très bien de l'année 2008, quand j'ai lu les premières critiques du roman qui allait le faire connaître à un plus large public : *Le Village de l'Allemand*. L'histoire de deux frères, nés dans un bled proche de Sétif mais élevés en banlieue parisienne, partis sur les traces de leur père allemand, dans le contexte de la décennie noire des années 1990 (celle des attentats et des massacres perpétrés par les islamistes du GIA), et dont ils apprendront qu'il était un ancien criminel SS. Pour cela, Boualem Sansal avait dû se plonger dans l'histoire de la Shoah, et la relier à sa propre histoire pour établir un parallèle entre nazisme et islamisme.

Comment était-il possible qu'un tel ouvrage fût écrit par un ancien haut fonctionnaire du régime algérien, dont on connaît le ressentiment à l'égard de la France, le compagnonnage avec le terrorisme palestinien et l'antisémitisme structurel ?

Je me suis décidé à le lire pour me faire ma propre idée. Dès les premières pages, j'ai compris que j'avais affaire à un écrivain, et même à un grand écrivain. J'ai été touché par sa voix, son authenticité, sa maîtrise, et, l'air de rien, par le courage dont il avait dû faire preuve pour braver les interdits en vigueur dans son pays.

L'air de rien est ce qui caractérise pour moi le mieux Boualem Sansal. Il est tout sauf l'activiste enragé que ses détracteurs ont voulu voir en lui – cette caricature infamante, forgée par les chiens de garde de l'islamisme et du régime algérien dès le lendemain de son arrestation. Déjà, en lisant *Le Village de l'Allemand*, je percevais dans son écriture, dans sa manière de déboulonner les tabous sans effets de manche, une délicatesse, une sincérité et une humilité aussi touchantes que familières. Bien loin de la prose militante ou du pensum démonstratif. *L'air de rien*, il mettait le doigt sur les connivences entre l'islamisme et le nazisme, de même que sur l'hospitalité réservée après la guerre par le monde arabe aux nazis les plus fanatiques, ayant fui l'Allemagne pour échapper au jugement de l'histoire. Peu de temps après, le hasard m'a mis sur sa route, et nous nous sommes rencontrés. J'ai découvert un homme affable et doux, parlant simplement, faisant montre d'une grande attention aux autres. Et, toujours *l'air de rien* : un authentique humaniste.

Il portait les cheveux longs noués par un catogan ; la marque de sa liberté individuelle, de sa rupture avec sa vie d'avant, quand il officiait en costume-cravate au ministère de l'Industrie algérien. Le contraste entre sa force de conviction, sa lucidité, passant au scanner les outrances, les impostures, l'autoritarisme, la corruption du régime algérien, et la fragilité de son apparence, m'avait marqué. Et aussi inquiété. Car, malgré son attachement à une Algérie tant aimée qu'il se refusait d'abandonner, il me semblait clair qu'il prenait des risques inconsidérés. Pour sa liberté, et peut-être même pour sa vie. Cela ne semblait nullement le préoccuper. Faisait-il preuve de naïveté ? Possible. Or, c'est cette même naïveté qui m'a le plus touché, le plus séduit chez lui : une figure de l'innocence dans un monde de loups.

Après cela, nous nous sommes souvent croisés, dans le giron d'amis communs, lors de commémorations ou d'événements littéraires. Beaucoup de ses amis français étaient juifs. Sa simple présence parmi nous était, certes, exceptionnelle ; elle était surtout un espoir. Elle signifiait que l'antisémitisme n'est pas une fatalité.

Que l'intelligence et l'ouverture aux autres pourraient un jour, *l'air de rien*, balayer la chiennerie et la connerie. Nous nous trompions, évidemment, mais il est si bon de feindre d'y souscrire, et nous pouvions y croire grâce à Boualem Sansal.

Boualem et moi vouons un culte à *1984*. Lui plus que moi, car il vit l'expérience orwellienne dans sa chair, dans son quotidien. Tout comme Winston Smith, son intégrité absolue lui interdit de dire, comme le régime algérien veut l'y forcer, que 2 et 2 font 5.

Quand, en 2015, inspiré par Orwell, Sansal publie son roman multiprimé *2084, la fin du monde* – une parabole autour du totalitarisme islamique –, mon frère Franck prépare une grande exposition consacrée au peintre Zoran Music, décédé dix ans plus tôt, et dont l'œuvre, aussi belle qu'elle est âpre, témoigne de son expérience concentrationnaire à Dachau. En tant que galeriste, Franck sait très bien que l'œuvre de Music, par sa difficulté, sa morbidité, n'est guère porteuse. Cette exposition est pour lui une mission ; sa contribution à la mémoire de la Shoah et de la barbarie nazie. Et pour l'accompagner, il entend, à ses frais, éditer un beau livre reproduisant les œuvres qu'il exposera au Grand Palais. Franck m'appelle pour me proposer d'y écrire un texte d'introduction. Me sachant proche de Pascal Bruckner, il me demande si ce dernier pourrait lui aussi contribuer au livre. Pascal accepte immédiatement. Enfin, mon frère, un admirateur de Boualem Sansal qui vient d'achever la lecture de *2084*, et qui sait que nous nous connaissons, me charge de lui proposer la rédaction d'un troisième texte. Je contacte Boualem qui accède à sa demande sans se faire prier.

Les premiers mots de son texte, qui introduit nos trois contributions à l'ouvrage, sont : « Être en vie n'est pas vivre. » Ils s'appliquent à Music et aux victimes des régimes concentrationnaires, oppressifs et totalitaires, mais aussi à lui-même. Car Boualem Sansal ne peut se résoudre à être seulement en vie : il veut vivre. Et la France est pour lui le lieu de sa liberté la plus fondamentale : la liberté d'expression. C'est en son nom qu'il a pu rappeler que « toute la partie de l'Ouest algérien faisait partie du Maroc », lors de la colonisation française de l'Algérie. Une déclaration qui allait pourtant sceller son sort.

Non content d'avoir mis le doigt sur l'un des innombrables tabous en vigueur dans son pays d'origine, Boualem Sansal a fait cette déclaration à *Frontières*, qualifié de média d'extrême droite. Je suis à peu près certain qu'il ignorait la couleur politique et polémique dudit média. Mais je suis tout aussi certain que, même s'il l'avait su, parce qu'il n'est pas sectaire, il l'aurait quand même faite. Car, lorsqu'il est en France, Boualem en profite pour étancher sa soif d'une liberté d'expression dont il est privé quand il réside sur l'autre rive de la Méditerranée.

Les griefs dont l'accable le régime algérien sont légion. Avoir obtenu la nationalité française, sa sensibilité pour le judaïsme, sa compréhension de la tragédie de la Shoah ou son séjour en Israël en 2012 sont des circonstances aggravantes qui n'ont pas plaidé en sa faveur. Mais ces motifs prétendument délictuels, chacun le sait, ne sont que des prétextes. Boualem Sansal est l'otage du régime algérien ; la victime collatérale d'une crise diplomatique et de tensions endémiques avec cette « France macronito-sioniste » qui a eu le malheur de reconnaître la souveraineté du Maroc sur le Sahara occidental. Le reste n'est que (mauvaise) littérature, diffamation, injustice.

À l'heure où j'écris ces lignes, Boualem Sansal a 80 ans. Il n'est pas l'homme le plus solide du monde. Sa santé est déclinante. C'est pourquoi chaque jour compte.

Alors que ses soutiens en France peinent à se faire entendre, les relais hexagonaux du régime algérien, adoubés par les idiots utiles de La France Insoumise et par les tenants de l'imposture sociologique qui s'acharnent à le discréditer, n'ont, eux, jamais été si bruyants. Quant à l'activité diplomatique en cours pour obtenir sa libération, si elle n'est pas au point mort, elle semble fort peu efficace. Voilà donc la raison même de ce texte, de ce livre. Qu'ils soient placés au crédit de la liberté de penser. Qu'ils pèsent, en dépit de leur légèreté, dans la balance de la justice, en faveur de la libération d'un grand écrivain, sans quoi nous perdrons un peu de notre âme.

Ce texte, de même que cet ouvrage, est aussi une bouteille à la mer. Une bouteille jetée dans la Méditerranée à l'intention d'un ami précieux. Nous souhaitons qu'il la trouvera, pour décrypter le message d'amitié et de soutien qu'elle contient, avant de nous revenir au plus vite, et en pleine santé.

***Michaël Prazan** est un écrivain et réalisateur. Il a notamment écrit et réalisé le documentaire* La Confrérie. Enquête sur les Frères musulmans *en 2014, ainsi que l'ouvrage* Frères musulmans. Enquête sur la dernière idéologie totalitaire, *paru aux éditions Grasset la même année. Il vient de publier* La vérité sur le Hamas et ses « idiots utiles » *aux Éditions de l'Observatoire.*

Le courage tranquille

Georges Bensoussan

Dans la nuit judiciaire imposée à la France depuis des décennies, quelques voix courageuses s'élèvent qu'on n'attendait plus. Dans le silence de l'exil intérieur qui chaque jour nous gagne davantage, les voici venues dire une vérité simple sur un monde arabe enkysté dans une violence archaïque, ce que d'autres avaient dit avant eux, des propos aujourd'hui oubliés, de Chateaubriand à Tocqueville, candidats d'évidence promis à la 17e chambre. Des voix venues braver le halo de bêtise qui nous étouffe, à commencer par la « religion woke[1] », pointe avancée d'un capitalisme sociétal pourvoyeur d'ensauvagement.

Il y a huit ans, Boualem Sansal fut une de ces voix. Un jour de janvier 2017, depuis l'Algérie où il vivait, il avait adressé une lettre à la présidente de la 17e chambre correctionnelle de Paris où j'allais comparaître bientôt pour avoir formulé l'idée qu'il faisait jour à midi, autrement dit qu'en France, dans un grand nombre de familles d'origine arabe, « l'antisémitisme [était] tété au lait de la mère », transmis telle une évidence, « comme l'air qu'on respire », avait dit avant moi, dans un documentaire de Georges Benayoun, le sociologue français d'origine algérienne Smaïn Laacher. Après avoir d'abord donné lecture d'une lettre de Pierre Nora, la présidente du tribunal lut celle de Boualem Sansal, devant une salle comble et silencieuse :

1. Jean-François Braunstein.

« Alger, 10 janvier 2017

« Madame la Présidente,

« Je considère que les accusations du CCIF sont injustes et pernicieuses : *injustes* car Georges Bensoussan est une personne infiniment honorable qui accorde à la valeur respect de l'autre la plus haute considération. Comme je vais le montrer à partir de ma propre expérience, les propos qui lui sont reprochés ne sont en rien un acte d'islamophobie.

« *Pernicieuses* parce que pouvant être perçues comme participant d'une politique d'ensemble faisant de l'accusation d'islamophobie un moyen d'empêcher toute expression critique de l'islam. Elles le sont d'autant que Georges Bensoussan n'a d'aucune manière affirmé que l'antisémitisme était imputable à l'islam, il a dénoncé une carence flagrante dans l'éducation des enfants dans les familles arabes en France, et disant cela, il ne faisait que reprendre ce qu'affirmait un sociologue algérien dans un documentaire télévisé diffusé par France 3. J'ai moi-même en maintes occasions dénoncé cette culture de la haine que les familles arabes inculquent, sciemment ou par simple automatisme, à leurs enfants, dirigée contre le Juif, le chrétien, le mauvais musulman, la femme libre, l'homosexuel, etc.

« La justice française ne peut que rejeter de telles accusations. Mieux, elle aura à cœur de souligner que Georges Bensoussan fait œuvre utile en expliquant au public quels sont les voies et les moyens par lesquels l'antisémitisme se fabrique et se propage. Plutôt que d'empêcher la parole libre et le débat, c'est contre cela qu'il faut travailler, attaquer l'antisémitisme à la source par des actions d'information et de sensibilisation s'inscrivant, au demeurant, dans le cadre de la protection de l'enfance.

« Il est difficile pour un étranger de témoigner dans un procès se déroulant dans un autre pays. Je suis algérien, vivant en Algérie, et à vrai dire peu au fait des règles et des usages en France, notamment en matière judiciaire. J'espère ne commettre aucun impair en témoignant de la sorte.

« Dans mon pays, la loi sanctionne sévèrement toute atteinte à l'islam, à son livre sacré le Coran et à son prophète Mahomet. Si la justice manquait de le faire, les croyants les plus radicalisés ne se priveraient pas d'y remédier ; au nom de la *charia*, ils sanctionneraient prestement le ou les coupables.

« Mais bien que musulmane, de rite sunnite malékite reconnu comme austère et rigoureux, l'Algérie ne considère pas, ni dans sa loi positive, ni dans sa compréhension de la charia, l'islamophobie comme un délit ou un crime. La peur ou la haine de l'islam est un sentiment et reste un sentiment tant qu'il ne se traduit par des actes publics (gestes et paroles) offensants.

« En Algérie, il n'y a pas, il n'y a jamais eu, et j'espère qu'il en ira de même demain et après-demain, d'affaire Bensoussan. Comme il n'y a jamais eu d'affaire Sansal. En France, pour avoir dénoncé l'islamisme et attiré l'attention du public sur sa formidable capacité d'attraction sur les jeunes en perte d'ancrage, et pour avoir déclaré que l'islam n'était pas compatible avec la démocratie, je suis regardé par certains comme islamophobe. En Algérie, rien de tout ça, j'y exprime pourtant les mêmes opinions, mes livres s'y vendent et sont lus, mes interventions en France sont presque toujours reprises par les médias algériens, et souvent durement commentées, mais jamais je n'ai été accusé d'islamophobie. Les propos que l'on reproche à Georges Bensoussan en France font partie des propos que je tiens quasi quotidiennement en public en Algérie.

« Dire que l'islam est incompatible avec la démocratie, c'est simplement répéter ce que le dogme islamique lui-même dit et ce qu'enseignent les autorités religieuses. Au regard du musulman, la démocratie est une *bida'a*, une innovation impie, fortement condamnée. Il n'y a de pouvoir que celui d'Allah.

« Dire que l'antisémitisme fait partie de la culture islamique, c'est simplement répéter ce qui est dit dans le Coran, enseigné à la mosquée (qui est avant tout une école) et sans doute dans beaucoup de familles traditionalistes. L'antisémitisme est un réflexe acquis très tôt. Après, la vie fera qu'on pratiquera ou qu'on rejettera ce qu'on a appris.

« Le conflit israélo-palestinien, évoqué quasi quotidiennement dans les médias publics, et plus que souvent à la grande prière du vendredi, vient évidemment y ajouter la haine d'Israël, celle des Israéliens et celle de ceux qui les soutiennent. Généralement, la haine du Juif s'exprime en termes canoniques, comme elle est exprimée dans le Coran et les hadiths. L'exécration du Juif et du chrétien a son langage et ses formules, qu'il faut respecter à la lettre. Les insultes qu'on entend dans la rue ne sont pas recevables.

« Ce que mes déclarations me valent au pire en Algérie, venant des islamistes et de ce que j'appelle les gardiens autoproclamés du temple, ce sont des insultes. Moi-même, je n'ai jamais porté ces attaques devant la justice, bien que, quelquefois, elles pouvaient très directement être regardées comme des menaces de mort ou des appels au crime.

« Je vous remercie pour votre attention.

« Boualem Sansal »

En ce moment précis, Sansal fut pour nous tous ce « moment de la conscience humaine » qu'évoquait Anatole France à propos de Zola lors du transfert des cendres de l'écrivain au Panthéon. Venant d'un pays d'islam, Boualem Sansal nous disait ce jour-là sa fraternité, à nous, Juifs originaires d'une même Algérie natale dont nous avait privés une purification ethnique ignorée de l'histoire académique. Avec d'autres voix encore, dont celle de l'admirable Sophia Aram, de Sonya Zadig et de Fadila Maaroufi, de Sonia Mabrouk et de Kamel Daoud, dont l'intelligence du cœur et la force de la raison nous permettaient de ne pas désespérer de l'autre rive de la Méditerranée.

Ce 25 janvier 2017, Boualem Sansal était cependant porteur d'une autre dimension encore. Par sa calme intelligence, il avait ce jour-là le visage de la justice dressée contre les tyrans. Il avait accepté de venir en Israël, ce crime suprême dans sa société d'origine où la détestation des Juifs s'est muée en religion civile, dans une sorte d'hystérie collective où le mot *sionisme* fonctionne comme l'un des noms de Satan, quand l'exorciseur invite le diable à quitter le corps du possédé. Folie grégaire d'un pays sans Juifs où le rejet de celui qu'on a soi-même chassé soixante ans plus tôt vient souder des foules travaillées par le ressentiment et unies dans la haine. Ce jour-là, et toutes ces années en vérité, par sa force tranquille, Sansal avait revêtu l'habit de l'historien tel qu'évoqué par Chateaubriand en 1807 : « Lorsque, dans le silence de l'abjection, l'on n'entend plus retentir que la chaîne de l'esclave et la voix du délateur ; lorsque tout tremble devant le tyran, et qu'il est aussi dangereux d'encourir sa faveur que de mériter sa disgrâce, l'historien paraît, chargé de la vengeance des peuples[2]. »

Nous nous sommes retrouvés ensuite, à plusieurs reprises, à l'Hôtel de Ville de Paris pour le prix de la Laïcité en novembre 2018, et à Paris encore en juin 2023 pour la remise d'un prix, à l'un comme à l'autre, décerné par la Licra-Paris, venu « réparer », si faire se peut, la présence d'une Licra nationale présidée par Alain Jakubowicz siégeant sur le banc des parties civiles au côté du CCIF en 2017. C'est de ce dimanche léger de juin que je garde en mémoire la dernière image de Boualem Sansal, celle d'un sourire tranquille face à l'implacable du pouvoir, celle d'un sourire fragile aussi, puisé dans la mémoire ancienne d'une patrie commune.

Georges Bensoussan*, ancien directeur éditorial du Mémorial de la Shoah, est historien.*

2. François-René de Chateaubriand, *Mercure de France*, 4 juillet 1807.

Le dernier des intellectuels

Perrine Simon-Nahum

Il y a eu l'affaire Dreyfus. Il y a aujourd'hui l'affaire Sansal. Elle est tissée des mêmes fils et renvoie à la même simplicité, celle qu'évoquait déjà Raymond Aron dans les années 1930. Elle éclaire l'affrontement qui se joue autour de la vie d'un homme entre l'attachement aux valeurs de vérité et de justice d'un côté, la violence et le mensonge de l'autre. Pourtant, l'image n'est pas aussi nette qu'on le souhaiterait. Cent trente ans après le déclenchement de la première, qui vit l'émergence des intellectuels, ceux-ci ont cessé, pour la plupart, d'être dans le camp de la démocratie. Il s'en est même trouvé pour se ranger dans le camp des accusateurs, et leur trouver des circonstances atténuantes. Tout comme Alfred Dreyfus, Boualem Sansal est le héros de sa propre histoire. Parce qu'il a vécu certaines des hontes du second XXe siècle, la montée des fondamentalismes, les camouflets que nous imposent des régimes autoritaires, les mensonges sur lesquels les uns et les autres prospèrent, il n'a cessé de nous alerter sur nos aveuglements, ou pire, nos compromissions. Celle qui se donne libre cours sous nos yeux et qui consiste à accepter, sous couvert de vagues protestations, l'emprisonnement et la mise en danger d'un citoyen français sous le chef d'accusation fantaisiste de *haute trahison* – au nom de quel réalisme politique ou, pire, de quelle impuissance ? –, est sans doute la pire. Comme une réplique des événements du 7 Octobre et de la prise en otage de nos concitoyens par le Hamas, morts ou abandonnés à leur sort. Elle révèle le peu de considération que nos démocraties ont pour elles-mêmes et le doute qu'elles professent sur leur propre avenir. Le fondamentalisme que combat Boualem Sansal – qu'il prenne une forme autoritaire ou religieuse – aura, une fois de plus, révélé son vrai visage : celui que nous refusons de voir, la volonté de réduire la liberté individuelle au nom d'une idéologie de l'ordre, que celui-ci se réclame ou non d'une transcendance.

Ce n'est plus avec ses mots, ce n'est plus dans son œuvre que l'écrivain nous en livre la preuve, mais avec sa vie même. Si nous ne parvenions pas à le faire sortir de prison et à sauver sa vie, s'il ne pouvait finir son existence en continuant de dénoncer à travers ses romans la barbarie qui vient, Boualem Sansal serait alors le dernier des intellectuels.

Docteur en histoire, spécialiste de philosophie française contemporaine, ***Perrine Simon-Nahum*** *est directrice de recherche au CNRS et directrice du département de philosophie de l'École normale supérieure de la rue d'Ulm. Elle est notamment l'auteure des très remarqués* Les Déraisons modernes *et* Sagesse du politique *(Éditions de l'Observatoire, 2021 et 2023). Elle vient de publier chez le même éditeur* La Nouvelle Causalité diabolique. La démocratie à l'épreuve de l'antisémitisme.

L'arrestation

Daniel Sibony

« Boualem Sansal, vous êtes arrêté.

— Pourquoi ?

— Parce que vous avez trop parlé et que ça suffit. Vous avez dit qu'une partie du Sahara algérien était autrefois marocaine.

— Mais ça, c'est un fait historique qui ne dépend pas de moi !

— Il y a des faits du passé dont il ne faut pas parler, parce que le présent les a rendus faux.

— Attendez ; le présent peut changer la vision du passé, mais il ne peut pas empêcher que ce passé ait eu lieu.

— Monsieur fait le malin, il philosophe sur le temps ; et moi je vous répète : *le présent fait que ce passé n'existe plus*, s'il a jamais existé.

— Si vous pouvez faire que ce qui a été n'ait pas été, vous êtes forts. Mais vous ne le pouvez pas ; et c'est parce que vous ne le pouvez pas que vous êtes enragés.

— On peut beaucoup de choses, petit bonhomme ; toi, tu peux gribouiller, mais nous, on peut agir. Déjà, on peut t'arrêter et te clouer le bec. Finis, les jolis romans de Monsieur Boualem ! Toi, tu peux attaquer l'islam, et nous, on le défend.

— J'attaque ceux qui en font une caricature.

— Tu l'attaques directement, et frontalement ; tiens, ne serait-ce qu'en défendant les Juifs, ses ennemis jurés.

— Pardon, encore un fait historique : c'est lui qui est leur ennemi juré ; les Juifs ne combattent pas l'islam, ils ont autre chose à faire ; c'est lui qui est obsédé par eux, qui les maudit chaque fois qu'il peut. Vous-mêmes, vous les avez effacés du pays, et vous voilà encore plus emplis de haine envers eux ; les chasser jusqu'au dernier ne vous a pas suffi, vous voulez les chasser de l'existence, mais ils existent, et depuis bien avant l'islam. Vous n'arrivez même pas à les chasser de votre mémoire, encore moins à les chasser de l'existence.

— Cette existence est du passé ; au présent, elle n'a plus de sens. D'ailleurs, voyez nos frères là-bas, ils vont leur rendre la vie impossible, on va les virer de France, et on va aussi virer leur État juif !

— Vous n'y arrivez pas, et c'est ce qui vous rend malades. Vous ne supportez pas d'y échouer.

— De mieux en mieux ! Monsieur défend les Juifs ! Il défend Israël, il alerte les Européens sur les dangers de l'islam, de l'« extrémisme », comme il dit ! Et où ça t'a mené, toi qui es allé alerter Chirac, Sarkozy et autres politicards, où ça t'a mené ? Est-ce qu'ils t'ont écouté ? Est-ce qu'ils ont pris « les mesures qui s'imposaient », comme tu dis ?

(*Boualem se tait.*)

— Ça veut dire que tu peux écrire tes histoires, faire tes romans ; tu ne changeras pas d'un pouce la fameuse réalité. Les gens que tu veux alerter t'opposent une oreille bienveillante et lisse, qui avale tout, après quoi ils tirent la chasse. Tu n'empêcheras pas les engagements de la France envers nous, les avantages que nous avons imposés aux Français en 1962, oui, sous la pression de nos *moudjahidines*, nos soldats du djihad ; chose que les Français n'ont jamais comprise. Les Français nous ont soutenus pour une guerre de libération nationale, pour notre position à la pointe avancée du tiers-monde révolutionnaire, alors que notre but – et il est atteint – est de faire de l'Algérie un vrai État islamique, avec en France une bonne base stratégique, qui se développe. Voilà, et on y arrive tout doucement, petit bonhomme. Tes aboiements n'y changeront rien.

(*Silence.*)

— Tu ne dis rien ? Alors je vais le dire pour toi : tu es rentré parce que tu es désespéré, tu es rentré pour qu'on te cueille et tu ne le savais même pas.

— C'est faux ! Archi-faux ! Je suis rentré parce que j'aime mon pays, j'aime être ici, c'est ma terre, j'aime être entouré de mon peuple, même si je le vois faire le sourd ; je sais qu'il se tait parce qu'il a peur.

— Et ton public en France, il a peur aussi ? C'est pour ça qu'il se tait ? Tu croyais qu'on allait te laisser gambader à droite et à gauche, aller en Israël (la pire des *hshouma*), puis revenir ici et faire de beaux discours en Europe ? On va te mettre au trou, *ya lqoué !*, et on va voir si tes soutiens vont se battre pour toi. On va voir la mobilisation, les manifs, les grèves de la faim, les cortèges qui vont assiéger l'ambassade d'Algérie ; qui sait, peut-être la saccager ?

— Oui, on va voir ; sur le papier, vous avez gagné mais, même dans les systèmes les plus hermétiques, il y a toujours un interstice par où la lumière peut passer. Ça s'appelle l'espoir. J'ai l'espoir qu'on va me tirer de vos griffes. Et déjà je me rends compte que ce qui m'y a amené, c'est un coup de désespoir inconscient dont je ne me suis pas rendu compte. La peste soit du masochisme inconscient, celui-là même qui fait qu'en France, les gens courbent l'échine devant l'islam qui avance !

— Tu nous traites de sadiques, alors ? Eh bien, on va te donner raison ! »

Ils le tabassent durement et le font porter sur une civière, sans connaissance.

Depuis, chaque fois que son avocat demande à le voir, il reçoit la même réponse : *Boualem Sansal n'est pas visible.*

***Daniel Sibony** est psychanalyste et écrivain. Il a notamment publié* Nom de Dieu. Par-delà les trois monothéismes *en 2002,* Islam, phobie, culpabilité *en 2013,* Un certain « vivre-ensemble ». Musulmans et juifs dans le monde arabe *en 2016,* Coran et Bible en questions et réponses *en 2017, tous édités chez Odile Jacob. Il vient de faire paraître aux éditions Intervalles* Les non-dits d'un conflit. Le Proche-Orient après le 7 Octobre.

Sa liberté est la nôtre

Jacques Tarnero

Il ne s'agit pas d'un opposant de plus qu'un pouvoir politique vient de jeter en prison. Il s'agit d'un de ces écrivains qui ont changé le cours de l'histoire de leur pays autant que du monde. De quoi Václav Havel ou Alexandre Soljenitsyne étaient-ils coupables ? Pour avoir dénoncé des systèmes étouffant toute liberté de penser librement, ils ont subi la prison ou le goulag. Boualem Sansal est un homme de cette trempe. À son tour d'être la victime du goulag – islamo-nationaliste, cette fois.

Parce qu'il porte en lui une identité multiple, algéro-française, parce qu'il écrit en français, parce qu'il a eu une enfance algéroise irradiée par un rabbin, parce qu'il a lu Albert Camus, il incarne à lui seul la complexité de l'après XXe siècle qui questionne ce maudit siècle, celui des totalitarismes triomphants ayant promis le paradis et ayant réalisé l'enfer. Comment cela a-t-il été possible ? Le feu couvait sous les cendres, et les pensées mortifères ne se sont pas éteintes avec la disparition d'Hitler, Staline ou Pol Pot.

Parce qu'il tend aux Arabes, au pouvoir algérien, à ce que l'Algérie a fait de son indépendance, le miroir de leur échec, le voilà proscrit par ce nouveau totalitarisme qui veut poursuivre une guerre imaginaire. La pensée décoloniale contre l'homme blanc, contre le Nord, au nom d'un « Sud global », nourrit cette imposture, et ce qu'écrit Boualem Sansal renouvelle, avec un parfum de Méditerranée, ce que George Orwell ou Simon Leys avaient su décrypter, au grand dam des idolâtres.

Boualem Sansal développe une pensée qui va bien au-delà de cette première libération politique. Il fouille ce qui a favorisé, en particulier dans le monde arabo-musulman, le passage d'une soumission coloniale à une autre. Comment fonctionne cette aliénation, qui attribue toujours aux autres ses propres malheurs ? Il y a, dans le monde arabe, dans le monde né de la culture musulmane, cette caractéristique qui lui est propre : un complot venu d'ailleurs empoisonnerait ce qui était promis comme avenir radieux. Mais il y a autre chose, de bien pire.

Boualem Sansal s'est rendu coupable d'un crime impardonnable, inexpiable. Il s'est rendu en Israël. Il a visité cordialement l'épicentre de l'enfer, là d'où vient tout le mal. L'« entité sioniste » lui a ouvert ses portes, l'a accueilli. Il a osé déclarer : « Je ne suis pas en guerre avec Israël », trahissant ainsi ce nouveau serment sacré imposé à tout « Arabe » ou supposé tel. L'Algérie a fait de la haine d'Israël la nouvelle matrice de son identité. Elle tient prisonnier *le* traître qui porte atteinte à cette nouvelle loi fondamentale. La haine d'Israël prolonge la haine du Juif telle que Sayyid Qutb, le maître à penser des Frères musulmans, l'a théorisée. Loin de tout islam des Lumières, cette régression intellectuelle a ravagé tout l'espace de l'Atlantique à l'océan Indien. Elle explique tout : le changement climatique, les coupures d'eau à Alger, les sauterelles dévastatrices et autres maléfices créés par le Mossad, forcément le Mossad. Boualem Sansal en serait le complice, le renégat, l'agent double, le mécréant de l'intérieur. Avec le statut des femmes, Israël est l'autre fantasme explicatif du malheur arabe, de son « humiliation » prétendue. Cette pensée magique étouffe depuis des lustres tout regard critique sur la pensée islamique, sur ce que des Arabes ont fait aux Arabes.

Boualem Sansal est devenu l'otage de cette mécanique complotiste, devenue un système d'explication du monde. Voilà deux mois que cet esprit libre est victime d'un délit d'opinion. Toute son œuvre est un hymne à la liberté et à la vérité. La culture du ressentiment n'y fait pas office de culture politique. Si l'ironie caractérise son écriture, elle est dépourvue de toute insulte, de tout esprit de médisance. Cet homme possède une plume limpide, débarrassée de tout charabia conceptuel. Quand il parle, « machin », « truc » ou « chose » sont autant d'outils de langage qu'il utilise pour fluidifier, dénouer les glissements de sens. Trop de gens innocents ont payé du prix du sang leur non-respect des dogmes, des théories religieuses, spiritualistes ou pseudo-scientifiques.

C'est un déshonneur pour l'Algérie que de faire usage de calomnie à l'encontre de Boualem Sansal. Tandis que la France remercie et honore deux grands écrivains francophones d'origine algérienne, Kamel Daoud et Boualem Sansal, les voilà reniés par leur patrie d'origine, mais reçus à bras ouverts par et dans la littérature française. Rachid Mimouni, Kateb Yacine, Mouloud Ferraoun avaient su comprendre ce paradoxe : la République française avait, en même temps, apporté les Lumières dans les bagages de la colonisation. L'émir Abdelkader l'avait compris, tout comme Mohamed V ou Bourguiba.

Comment l'Algérie peut-elle ne pas comprendre qu'elle se débarrasse du meilleur d'elle-même ? La liberté pour Boualem Sansal est l'affaire des Algériens. Elle est aussi la nôtre. Sa liberté est l'affaire de ceux qui veulent vivre libres.

Jacques Tarnero *est sociologue, essayiste et documentariste. Il est notamment l'auteur des films* Autopsie d'un mensonge et Décryptage.

Totalitarisme islamiste et complicité occidentale : un silence coupable

Thibault de Montbrial et Lara Fatimi

« Les écrivains ont mis la langue en liberté. » Il en est ainsi de l'œuvre de Boualem Sansal, figure majeure du monde littéraire moderne.

Depuis son premier roman, *Le Serment des barbares* (Gallimard, 1999), Boualem Sansal est entré au Panthéon de ces grandes figures qui, par leur audace et leur lucidité, incarnent des vigies intemporelles face aux dérives de nos sociétés.

Témoin attentif de la montée en puissance de l'islamisme, Boualem Sansal a vu émerger en France les mêmes symptômes qui ont précipité l'Algérie dans une guerre civile sanglante dans les années 1990. Ces trente dernières années, il n'a cessé d'interpeller les Français sur les dangers du renoncement et de la compromission, en nous rappelant que les mêmes causes produisent les mêmes effets.

Conscient de la sournoiserie du fanatisme religieux et de la faiblesse de la sphère politique européenne en général et française en particulier, Boualem Sansal a dénoncé avec force les effets délétères du relativisme : cet « en même temps », qui neutralise les prises de position claires face à des idéologies mortifères.

La lucidité de Boualem Sansal sur les dérives du régime algérien a poussé ce dernier à s'attaquer à celui qui en dénonçait l'obscurantisme.

Il est d'ailleurs affligeant de constater qu'en France, certains médias et intellectuels de gauche ont contribué à nourrir le crocodile qui s'en est pris à Boualem Sansal. Ce traitement illustre une tendance préoccupante : celle d'une gauche culturelle prompte à dénoncer un prétendu racisme systémique, ou à employer l'arnaque sémantique de l'islamophobie, mais réticente à critiquer l'islamisme et ses représentants. Cette posture à géométrie variable alimente un relativisme méphitique, diabolisant et exposant de nombreux acteurs du débat intellectuel.

Le sort de Boualem Sansal montre – ô combien ! – que l'histoire se répète ; hier les procès staliniens, aujourd'hui un simulacre de procédure orchestrée par un pouvoir autocratique à bout de souffle. La détention de l'écrivain constitue à cet égard non seulement une atteinte insupportable à la liberté d'expression, mais aussi un rappel de la nature totalitariste de l'islamisme et des régimes qui lui sont associés.

La libération de notre ami et compatriote Boualem Sansal représente donc un enjeu capital pour notre démocratie. Elle dépasse la simple question du sort d'un homme pour devenir un symbole : celui de la lutte contre le totalitarisme et la censure. Dans une France de plus en plus gangrenée par l'islamisation rampante où se multiplient les petites lâchetés et les grands renoncements, sa voix est une boussole précieuse. La faire taire, c'est donner raison aux ennemis de la démocratie, de la laïcité, de la liberté.

Puisse son incarcération contribuer à réveiller les naïfs, à secouer les lâches et à démasquer les complices. Puisse surtout perdurer la flamme du combat contre l'extrémisme et le terrorisme, flamme qui a conduit le Centre de réflexion sur la sécurité intérieure à accueillir avec honneur et bonheur Boualem Sansal au sein de son comité stratégique. Sa clairvoyance a nourri nos travaux, tandis que sa gentillesse et sa bonne humeur ont contribué à nouer de solides liens personnels.

C'est l'honneur de la France que chacun mette tout en œuvre, à la place et avec les moyens qui sont les siens, pour dénoncer la détention de Boualem Sansal et exiger sa libération.

Ce serait l'honneur de l'Algérie de remettre en liberté un homme qui, s'il en a critiqué les dérives sans relâche, a néanmoins toujours profondément aimé ses deux pays.

Lara Fatimi *est avocate au barreau de Paris.* ***Thibault de Montbrial****, également avocat au barreau de Paris, est président du Centre de réflexion sur la sécurité intérieure.*

7
UNE PLUME FRANÇAISE

« Si d'aucuns avaient pensé qu'avec le temps et le mûrissement des civilisations, les langues s'allongeraient, gagneraient en signification et en syllabes, voilà tout le contraire : elles avaient raccourci, rapetissé, s'étaient réduites à des collections d'onomatopées et d'exclamations, au demeurant peu fournies, qui sonnaient comme cris et râles primitifs, ce qui ne permettait aucunement de développer des pensées complexes et d'accéder par ce chemin à des univers supérieurs. À la fin des fins régnera le silence et il pèsera lourd, il portera tout le poids des choses disparues depuis le début du monde et celui encore plus lourd des choses qui n'auront pas vu le jour, faute de mots sensés pour les nommer. C'était une réflexion en passant, inspirée par l'atmosphère chaotique du ghetto. »

Boualem Sansal, *2084, la fin du monde*, Gallimard, 2015.

Lire, relire, relier, s'allier

Lisa Romain

Il faudra bien, à un moment donné, que ceux qui parlent de Boualem Sansal sans l'avoir lu finissent par le lire[1]. En attendant, puisqu'il y a urgence, et même si cela contredit l'éthique de lecture personnelle et active que promeut l'ensemble de l'œuvre sansalienne, voici un aperçu de ce que contiennent ses livres.

Boualem Sansal est entré en littérature à la fin des années 1990. Parti d'une « contemplation hallucinée[2] » de la décennie noire algérienne, il en a progressivement repoussé les frontières temporelles et géographiques pour aboutir à une « Constitution universelle » à l'usage de la « République des hommes libres »[3]. Ce cheminement lui a permis de proclamer de plus en plus fort qu'« il n'y a pas de honte à préférer le bonheur[4] », qu'il n'est ni simplet ni aberrant d'aspirer à l'« amitié » des « peuples et nations de la terre[5] ».

Comment, cependant, atteindre cet horizon aveuglant de clarté mais qui, sans cesse, se dérobe ? La réponse s'est elle aussi affirmée au fil de l'œuvre. Elle est à l'image de la question posée, à la fois terriblement simple et complexe : l'union fait la force.

Ainsi *Le Serment des barbares*, premier roman de Boualem Sansal, traversée infernale hantée par le chagrin et l'indignation, allume-t-il

1. L'éditeur a voulu faire entendre ici la voix, rigoureuse et scientifique, de Lisa Romain, chercheuse en lettres modernes et spécialiste de l'œuvre de Boualem Sansal.
2. *Le Serment des barbares.*
3. *Lettre d'amitié, de respect et de mise en garde aux peuples et aux nations de la terre.*
4. Citation de Camus qui est le leitmotiv de la nouvelle « La Vérité est dans nos amours perdues » dans *Des nouvelles d'Algérie.*
5. *Lettre d'amitié, de respect et de mise en garde aux peuples et aux nations de la terre.*

dans ses dernières lignes la flamme d'un espoir : le lecteur pourrait s'impliquer, il pourrait être le continuateur de l'œuvre, de la même manière que par la suite l'Écrivain prolongera l'œuvre de Tarik[6], que Malrich prolongera le journal de Rachel[7], que Nele prolongera le roman de Léa, qui elle-même prend la suite de sa mère Élisabeth[8].

Pour mener à bien leur quête commune, l'auteur passerait avec son lecteur par tous les cercles de l'enfer, gravissant avec lui « l[es] colline[s] oubliée[s][9] », traversant les geôles et les souterrains, les antichambres d'administrations absurdes aux terribles gardiens[10], les déserts reculés[11] « parsemés de montagnes et de ravins[12] », « les enfilades de salles plus ou moins vastes [aux] portes fermées à clé, dont la clé ser[ait] dissimulée quelque part dans le fouillis[13] », parcourant en sa compagnie le temps et l'espace, du commencement à la fin du monde. Pourrait alors advenir le « livre qui reste à écrire[14] ». Cet ouvrage collectif à la forme inédite, que le lecteur est appelé à « compléter » « en puisant dans son propre espace[15] », permettrait de sortir du « temps circulaire[16] » des guerres et des divisions auxquelles semble s'être condamnée l'humanité, et de délier leurs boucles mortifères en grandes chaînes de solidarité.

Or, la virtualité de ce partenariat avec le lecteur, née dans la fiction, s'est progressivement incarnée au point d'en sortir, et je laisse ici la parole à Boualem Sansal lui-même : « Je ne développerai pas le calcul qui m'a permis d'identifier ces catégories, le lecteur le trouvera bientôt sur le site que j'ai l'intention de créer dans le but d'y loger ma feuille de calcul ainsi que les références bibliographiques qui m'ont permis de

6. *Dis-moi le paradis.*
7. *Le Village de l'Allemand.*
8. *Le Train d'Erlingen ou la Métamorphose de Dieu.*
9. *L'Enfant fou de l'arbre creux ; Le Village de l'Allemand. Cf.* les premiers vers de *La Divine Comédie*, cités aussi par Boualem Sansal dans l'avertissement du *Train d'Erlingen ou la Métamorphose de Dieu.*
10. *Harraga, cf. Le Procès* de Kafka et la parabole du Gardien de la Loi.
11. *Dis-moi le paradis ; Rue Darwin ; Abraham ou la Cinquième Alliance.*
12. *2084, la fin du monde ; Le Train d'Erlingen ou la Métamorphose de Dieu ; Abraham ou la Cinquième Alliance.*
13. *2084, la fin du monde.*
14. *Le Train d'Erlingen ou la Métamorphose de Dieu.*
15. *Ibid.*
16. *Abraham ou la Cinquième Alliance ; Vivre, le compte à rebours.*

documenter ma lettre. Il sera invité à faire des commentaires auxquels je ne manquerai pas de répondre. Je rappelle, si vous l'avez oublié, que le but de ma lettre est qu'elle soit le préambule de la Constitution d'un monde nouveau, à inventer, où vous, nous, peuples et nations de la terre, serons rois éternels en nos demeures. Vos avis ont force de loi dans la recherche conjointe de la vérité[17]. »

D'un bout à l'autre de son itinéraire, Boualem Sansal, profondément humaniste par la conjonction équilibrée de son savoir littéraire, scientifique et philosophique, s'est ainsi employé à explorer sous tous les angles l'hypothèse d'une « Alliance[18] » avec ses lecteurs. Mieux : il l'a soumise par la fiction à tout ce qui était susceptible de l'invalider. Dans cette mesure, ses romans apparaissent comme la modélisation des obstacles à une paix qui n'est pourtant peut-être pas si « impossible[19] ».

Il y a d'abord tout ce qui compromet l'engagement dans son expression, alors même qu'il est porté par des gens pétris de qualités morales et intellectuelles. Deux dérives polarisées à l'extrême sont examinées. D'un côté, une galerie de héros tentés par la faiblesse et la passivité : par timidité et par gentillesse (Larbi avant sa révolte), par chagrin tourné à l'aigreur misanthrope et résignation fataliste (Lamia, Yazid), par tendance à l'apitoiement complaisant (Rachel, Yazid), par le recours à des grilles de lectures qui enferment et paralysent le jugement (Rachel, Élisabeth). De l'autre côté, il y a les forts et les actifs, que d'autres écueils menacent : grisé par ses succès et sa force de persuasion, un *leader* vertueux peut devenir mégalomane ou déraper (Pierre, Tarik). Certains meneurs peuvent succomber à une témérité dangereuse, sous l'effet de pulsions suicidaires désespérées (Larbi), ou désinhibés par une inculture qui a l'inconvénient de les exposer aux simplifications les plus fâcheuses (Malrich, Ati). Et puis il peut arriver qu'on s'engage d'autant plus passionnément qu'on a des tendances délirantes (Élisabeth/Ute, Brahim/Abraham). Contournant tous ces pièges, Paolo, le narrateur de *Vivre, le compte à rebours*, part immédiatement

17. *Lettre d'amitié, de respect et de mise en garde aux peuples et aux nations de la terre.*
18. *Abraham ou la Cinquième Alliance.*
19. *L'Impossible paix en Méditerranée* (entretien avec Boris Cyrulnik).

à la recherche des autres « Appelés[20] ». Métaphorisant le partenariat auquel aspire Boualem Sansal de part et d'autre de la fiction, sa voix se fond finalement dans celle de l'auteur lorsqu'elle nomme le récit qui vient de s'achever. Un autre monde peut s'ouvrir dans l'épilogue.

Ces projections ne sont pas seulement thématiques – et le génie de l'écrivain s'exerce sans doute surtout en cela. C'est le langage lui-même qui menace les voix qui s'engagent. Le langage et ses connotations, ses collocations imposées, ses énoncés *en mention* qui tirent sur la laisse et emmènent celui qui l'emploie là où il ne voulait pas forcément aller, le faisant dévier malgré lui. Mais qu'on essaye de le figer, de le juguler, et il se transforme en une matière morte qui, incapable de s'adapter, ne dit plus rien du tout. Et cela s'aggrave encore quand il y a interlocution. Les romans de Boualem Sansal sont aussi le théâtre de situations où une parole engagée qui savait parfaitement où elle souhaitait se rendre s'égare en chemin par politesse, par compassion, par manque d'assurance, ou alors, au contraire, par excès de confiance, par orgueil et plaisir de celui qui la porte de s'écouter discourir brillamment.

C'est pourquoi le langage, chez Boualem Sansal, n'est ni débridé ni dompté, mais *résistant*. Il lui faut des garde-fous, dressés par celui qui l'émet par et par celui qui le reçoit. L'œuvre sansalienne reformule en ce sens la prière d'Ulysse : quand la parole engagée cède aux chants des sirènes de la soumission, de la flatterie, de l'orgueil, de la tentation du coup d'éclat, ne la laissez pas faire, aidez-la à se contenir et à se reprendre. Dans cette odyssée vers la paix, il est donc vital d'avoir des compagnons sur lesquels on puisse compter – des lecteurs capables de lire avec rigueur et sensibilité[21], prêts à remettre en question ce qu'ils lisent et à rester méfiants, quand bien même ils sont spontanément acquis à l'auteur.

Cela encore, l'auteur le modélise. Non seulement son œuvre foisonne de figures de mauvais interprètes, mais en plus, elle ne cesse de tendre des pièges à ceux qui voudraient lire trop vite, avec des

20. *Vivre, le compte à rebours*.
21. *Petit éloge de la mémoire* : « Lire l'histoire ne suffit pas, il faut chercher en soi et imaginer. »

attentes déplacées (se documenter sans tenir compte de la source et du contexte, ou vouloir conforter coûte que coûte une opinion déjà forgée). Les comptes rendus erronés, les contradictions, les gags qui se glissent au cœur des raisonnements les plus érudits, les dérapages narratifs, les décalages énonciatifs, ne doivent pas être acceptés sans ciller.

Ces contrôles de lecture sont ludiques si l'on veut, et sont une déclaration d'amour à l'heuristique alchimique : « La construction du roman [sansalien] s'éloigne notablement des cadres habituels de la narration romanesque et peut dérouter, mais ainsi est le chemin de la vérité, bien fait pour nous perdre. Dans cette vie, rien ne nous est donné gratuitement. La lecture, si elle s'accompagne d'une véritable méditation, est un acte initiatique[22]. » Il s'agit toutefois aussi d'un raisonnement éminemment politique. Le lecteur est un citoyen. À ce titre, il est prié de lire, et de faire attention à ce qu'il lit, même quand cela lui paraît rebutant. La démocratie vaut bien cet effort. Une symbiose originale de l'engagement et de la littérature s'opère alors : les deux lignes, la fictionnelle et la non-fictionnelle, finissent par converger, et rien ne l'illustre mieux que ce fameux site internet, utopie participative que les événements n'ont pas encore permis à Boualem Sansal de bâtir. C'est bien pour cela que son œuvre est un lieu dédié à l'intelligence, *inter ligare* : créer des liens, lire, relire, relier, s'allier.

Lisa Romain *est docteur en littérature, chercheuse associée au laboratoire ALITHILA, et agrégée de lettres modernes. Elle a soutenu en 2018 la première thèse consacrée à l'œuvre intégrale de Boualem Sansal. Elle s'intéresse actuellement aux évolutions du roman algérien francophone de l'après-décennie noire. Elle a publié en janvier 2025* Boualem Sansal à l'épreuve du réel *aux Éditions du Cerf.*

22. *Le Train d'Erlingen ou la Métamorphose de Dieu.*

L'audace rieuse

Pierre Manent

La figure du monde présent est le résultat confus, et fort difficile à démêler, de ces deux grands mouvements successifs et opposés que furent la colonisation et la décolonisation. Aux historiens et autres « sachants » de les documenter, de les décrire et de les évaluer. Aux citoyens agissants d'en repérer les paramètres les plus significatifs, ceux qui permettent de s'orienter judicieusement et de former les bonnes dispositions pour agir. Une opinion puissante aujourd'hui nous presse de continuer, d'intensifier, de pousser à son terme ultime le mouvement de décolonisation jusqu'à effacer toute trace, chez les anciens colonisés comme chez les anciens colonisateurs, des idées, figures historiques et réalités sociales qui peuvent être rattachées, même de très loin, à la colonisation. Cette opinion a trouvé un champ d'action particulièrement propice dans le contexte troublé des relations entre la France et l'Algérie. Au lieu de deux pays indépendants et, malgré une guerre cruelle, naturellement voués à une amitié réciproque comme beaucoup l'espéraient et même l'escomptaient après 1962, on a vu s'installer et se déployer une grande scène accusatoire sur laquelle l'ancien colonisateur est constamment sommé de faire pénitence, et pour cela de soumettre ses actions et ses paroles à la discipline prescrite par ceux qui prétendent parler au nom des anciens colonisés. Ainsi, au lieu de la France et de l'Algérie indépendantes, ou les enveloppant et les étouffant, un continuum transnational est sans cesse suscité et remué par une revendication illimitée qui associe à l'État algérien une partie croissante et de plus en plus virulente de l'opinion et de la population françaises. Plus de soixante ans après l'indépendance, la France et l'Algérie se trouvent prisonnières d'une dépendance réciproque qui mine toute amitié et décourage toute sincérité.

C'est de cet emprisonnement réciproque que Boualem Sansal veut nous libérer. Depuis de nombreuses années maintenant, son cri perce et veut renverser les murs de la prison dans laquelle Algériens et Français se sont laissé enfermer. Bousculant l'aphasie dans laquelle la France s'est installée, moquant l'apnée à laquelle nous nous sommes obligés, Boualem Sansal – comment dire ? – dilate les poumons, nous fait voir et entendre la joie de respirer librement, la jubilation du souffle, la libération de la langue par la langue – la langue française. Aux Algériens à qui elle a été largement ôtée, aux Français qui la dédaignent et en ont oublié l'emploi, alors qu'elle était et reste leur bien commun, il fait entendre l'éclat, la liberté, la joie, jusqu'à l'ivresse, de la langue française, et son pouvoir éclairant, motivant et réconciliateur. Aucun calcul, aucune arrière-pensée, aucune stratégie, rien que l'esprit qui souffle où il veut, et balaie toute amertume et tout ressentiment. Il a saisi avec une rare acuité que si nous nous enfonçons dans une passivité, une torpeur, un marasme dont il semble impossible de nous libérer, cela tient pour beaucoup à ce que nous avons renoncé à notre langue et à ses puissances d'éclairement et de persuasion, la réduisant à quelques slogans, quelques substantifs gonflés et creux qu'il faut placer dans le discours. La langue politique dominante aujourd'hui ne vise plus à faire penser, mais à l'empêcher, et à faire taire. Boualem Sansal, lui, parle, crie, rit, raisonne, jubile, proteste, imagine, rabroue... Comme si l'abondance et la véhémence de son discours devaient compenser l'atrophie et la pusillanimité du nôtre. L'audace rieuse et le gai courage de Boualem Sansal sont, ici et là-bas, un appel et un encouragement pour chacun. L'entendrons-nous ?

Ancien directeur d'études à l'École des hautes études en sciences sociales (EHESS), ***Pierre Manent*** *a publié de nombreux ouvrages portant sur l'histoire de la philosophie politique, la question de la nation et le rapport du politique et du religieux.*

La langue en sursis

Bérénice Levet

« Si, comme je le crois, la vie tient de la magie, se pose alors la terrible question : que faire si la magie s'éteint ? Se laisser mourir ? Mais comment saurons-nous qu'elle a disparu ? » écrivait Boualem Sansal dans *Le français, parlons-en !*, le livre qu'il venait de faire paraître, lorsqu'il fut arrêté et incarcéré par les autorités algériennes le 16 novembre 2024. Phrase redoutable ! Depuis sa geôle, Boualem Sansal garde-t-il foi en la magie, garde-t-il foi et confiance en nous, Français, lui qui nous connaît si bien, dans nos grandeurs et nos faiblesses ? Lui qui nous sait si « intellectuellement et moralement ruinés », mais dont, malgré tout, il n'a jamais totalement désespéré ? Témoin, ce dernier livre, précisément. Sorte de piqûre de rappel avant que les « liquidateurs du *françois* » n'aient jeté la dernière pelletée de terre sur ce qu'il tient pour un trésor de notre civilisation. S'il s'adresse ainsi à nous, c'est qu'il veut encore croire en la possibilité d'un sursaut.

« Il est tard, mes amis, l'œuvre au noir est très avancée. » Trop tard ? Son incarcération nous met à l'épreuve. Le spectacle que nous offrons est proprement affligeant. Comprend-on bien ce qui arrive, ce qui nous arrive ? Un homme est en prison pour ses écrits, pour sa parole, et la France reste inactive. Sans doute le président Macron a-t-il déclaré, le 6 janvier dernier, que, avec l'arrestation « arbitraire » de ce « combattant de la liberté », l'Algérie était entrée « dans une histoire qui la déshonore », et a-t-il demandé « instamment à son gouvernement de [le] libérer », mais ce n'est pas de paroles grandiloquentes que notre ami a besoin : c'est d'actes. Les instruments de pression existent, sauf que personne, en haut lieu, ne se montre résolu à les actionner. *Je vois, je sais, mais n'en exigez pas davantage.*

« Écrivain francophone à la retraite en recherche d'une vraie espérance » : telle était l'identité que Boualem déclinait à la veille de son arrestation...

Décidément, il semble qu'entre Boualem Sansal et la France, ce soit toujours, et désespérément, à sens unique. Lui n'a cessé de se soucier de nous, de prendre au sérieux ce qu'il nomme très justement les « colères existentielles du peuple », de nous rappeler aux trésors qui sont les nôtres et dont nous nous laissons déposséder, et nous avons toujours fait plus ou moins la fine bouche par rapport à ses avertissements. Il n'a pas son rond de serviette à France Inter, non plus ses entrées au *Monde*, à *Libération*, au *Nouvel Obs* – et pourtant, je dois, pour ma part, à Jean Daniel, avec qui je travaillais à l'époque, d'avoir tôt, dès son premier livre, *Le Serment des barbares*, publié en France en 1999, découvert l'œuvre et la personne de Boualem Sansal.

Et aujourd'hui, alors qu'il est arrêté et incarcéré par le pouvoir algérien, alors que la mobilisation devrait être de tous les instants, une discrétion tout à fait remarquable s'observe, dans les rangs de nos politiques, sénateurs, députés, mais non moins de nos élites culturelles. Sauf erreur, il est, depuis 2023, à Villers-Cotterêts, une Cité internationale de la langue française et des cultures francophones. Or, de cette institution non plus, nulle voix ne s'élève pour prendre fait et cause pour celui qui en appelait dans son dernier livre à la création d'une « Académie francophone intercontinentale ».

On se souvient des mots de Romy Schneider dans *César et Rosalie* : « Ce n'est pas ton silence qui me tourmente, c'est le nom que je lui donne. Rancune, oubli. » En effet, ce n'est pas seulement le peu de bruit qui enveloppe le sort réservé à Boualem Sansal qui tourmente, mais bien le nom qu'on peut donner à ce silence... *Crainte, hantise de fâcher, soumission.* « Le drame, le vrai drame, ce n'est pas seulement, ce n'est pas tant d'être à genoux, c'est d'oublier qu'on est à genoux », écrivait Boualem Sansal.

Comme son incarcération vérifie crûment le tableau qu'il peignait de l'Algérie postcoloniale et du président Tebboune – si Boualem se savait des ennemis (« Il y a comme un concours national ouvert autour de ma personne, c'est à qui me haïra le plus »), allait-il jusqu'à imaginer qu'ils iraient si loin ? –, par notre pusillanimité, nous ne faisons que confirmer, cruellement, le diagnostic que le très lucide, le trop lucide Boualem Sansal portait souvent sur l'état de la France.

On mesure aussi combien le prurit justicier, les pensées de prétoire, l'esprit de repentance, la mise au poteau perpétuel du passé de la France est le moyen le plus assuré de se détourner des urgences du présent, d'un présent immédiat et brûlant, en l'occurrence. Notre président a le goût, la passion même, des commémorations, des panthéonisations ; nos intellectuels, l'obsession des années 1930, et des pages sombres de notre histoire ; mais lorsqu'elles s'écrivent aujourd'hui, sous nos yeux, et de l'encre la plus noire qui soit, nous attendons qu'ils y répondent.

Les jours s'égrènent, et Boualem Sansal reste incarcéré. Notre-Dame de Paris nous est rendue, et Boualem Sansal, qui l'évoque avec tant de sollicitude, établissant un beau parallèle avec notre langue, nous exhortant, dans notre usage du français, à prendre exemple sur les artisans qui eurent la charge de la rénover : « Quand on sait ce qu'une nuance mal placée peut causer de dégâts à l'ouvrage, on tremble », écrit-il superbement. « Dans Notre-Dame font sens et essence le moindre bas-relief, le plus petit clou, le plus infime détail de la statuaire, le plus banal des phylactères », poursuit-il, avant de conclure : « Ce que nous disons de Notre-Dame, nous pouvons le dire de Notre-Langue, notre demeure philosophale. » Mais, demande Sansal, « qui sauvera [la langue française] ? Qui la guérira du mal qui la ronge ? Qui saura lui rendre sa beauté, sa force, son intelligence ? ».

Il est proprement scandaleux que nous ne soyons pas, au quotidien, mobilisés autour de sa personne. Nous sommes ses obligés. C'est ce que je voudrais rendre éclatant dans ce texte.

Au seuil du *Français, parlons-en !*, Boualem Sansal invoque la figure de Diogène, de celui qui a dit : « Je cherche un homme » ; sa quête demeurera vaine, rappelle Sansal. Au mot du « grand maître du cynisme et du raccourci », Boualem ajoute « courageux » car, précise-t-il, « c'est d'hommes fiers que nous aurions présentement besoin ». Son attente restera-t-elle également sans réponse ?

On ne parle pas de Boualem Sansal dans l'abstrait. Boualem Sansal, c'est une voix unique, singulière ; rien de convenu, rien de mécanique – ce qui se fait de plus en plus rare. Il suffit d'ouvrir ses livres, il est là, présent, en personne, en première personne. Tel le génie d'Aladin, il surgit. « On s'attendait de voir un auteur et on trouve un homme », écrivait Pascal. Lire Boualem Sansal, c'est exactement cela : on trouve un homme, un ton, un style. Une incarnation. Il s'adresse à son lecteur, le convoque, individuellement. Une voix qui ne laisse pas en repos, il en paie le prix le plus élevé qui soit. Un taon, tel Socrate.

Lorsque Boualem Sansal fut arrêté, je m'apprêtais à lui écrire au sujet de ce livre, précisément. Je voulais lui citer la phrase de Gide, dont son livre était comme le Manifeste : « Un pays qui tient à sa langue est un pays qui tient bon. » En attendant qu'il la commente en personne, ouvrons son livre, et lisons-le ensemble.

Parler du français quand un homme est en danger de mort, ce serait chose futile ? Nullement, et Boualem Sansal le sait : il sait que la langue était le meilleur des indicateurs de l'état d'un pays. « Si les Français voulaient m'écouter à fond, je leur dirais [...] : faites du français une cause nationale, une affaire de sécurité nationale, c'est une question de toute première importance, de vie et de mort. C'est par la langue que les peuples pèchent et meurent. » La France, c'est pour Sansal une tradition de grandeur, de noblesse, du « panache », du « style ». Une aristocratie de l'esprit et du cœur. Et si ce livre nous est si précieux, c'est qu'il nous rappelle ce que nous nous devons à nous-mêmes, ce que nous devons à nos ancêtres. Il nous presse d'abandonner l'« esprit boutiquier » et de « nous engager hardiment sur le chemin de la grandeur, de l'éternité et de la beauté » et d'une grandeur, d'une beauté dont précisément « la langue est la clé ».

On pourrait dire de Boualem Sansal : français par la grâce de du Bellay, de Ronsard, poètes dont les vers l'escortent, de La Fontaine dont il cite notamment la magnifique morale du « Laboureur et ses enfants », de Chateaubriand, du « lumineux Baudelaire ». Ces auteurs lui sont des compagnons de vie et de pensée. Il les sait par cœur, les récite. Et sur ce chapitre, il nous est singulièrement salutaire. Il est une faculté proprement humaine, conspuée par la pédagogie progressiste des années 1970, qu'à l'inverse Sansal replace au centre du dispositif scolaire : la mémoire, sans laquelle, en effet, et pour le dire avec les mots de Montaigne, la lecture n'est qu'« ornement » et non « fondement ». Comment empêcher que nos enfants ne deviennent les « fossoyeurs » – le mot est de Sansal – du monde dont nous héritons ?

Ton enfant tu aimeras et éduqueras
Lire, écrire, compter devra
Mémoriser apprendra et n'oubliera

« Un homme qui lit en vaut deux », pouvait-on lire en 1936 sur la vitrine du libraire Edmond Charlot à Alger, « quatre », ajoutait déjà, dans les années 1970, le jeune homme qu'était Boualem Sansal épris de notre langue et de notre culture, « s'il lit les grands classiques de la littérature française et les relit à date échue comme on va en pèlerinage d'année en année sur les tombes des poètes disparus ».

Penser, c'est mener l'enquête, comme le suggère le sous-titre de son dernier ouvrage, *Le français, parlons-en !* Embarqué, et non engagé, comme Albert Camus, il ne sait d'autre cause que celle de la vérité et de la fragile réalité. Guetteur de vie, chasseur de vérité, Boualem Sansal ouvre les yeux, il voit le monde, tel qu'il est, tel qu'il va – mal – et qu'il conviendrait de réparer, mais non pas de « réinventer », de refaire à neuf, de régénérer. Il est tout sauf un idéologue, rien ne lui est plus étranger que l'esprit de système. Il est un écrivain, fondamentalement. Sa perception, sa morale est littéraire. L'humaine nature et condition ne saurait être envisagée comme un problème technique ou mathématique qui appellerait sa solution, sauf à détruire cette humanité même, ainsi que la Terreur ou les totalitarismes nous l'enseignent. Aux questions qui se posent à nous, on ne peut jamais répondre qu'en « s'essayant », en « bricolant » : la sagesse de Sansal est celle de Montaigne, celle de Claude Lévi-Strauss. À la question, crucifiante entre toutes, de l'unité nationale – car, si « on ne sait exactement ce qu'elle est », on sait très bien, en revanche, que « les dégâts qu'elle cause quand elle fait défaut, c'est la guerre de tous contre tous » –, instruit de l'histoire française, il ne tire pas sa réponse « d'une quelconque croyance mais d'une honnête observation » : pour cimenter ces particules élémentaires que sont ses citoyens et sociétaires, la France possède un joyau, sa langue, la langue de ses poètes, de ses grands écrivains. « Comment l'enseigner, la protéger, cela est affaire de bricolage », répond Sansal.

Nous sommes très loin aussi, avec Boualem Sansal, d'un quelconque angélisme : la langue comme ciment, ce n'est pas la culture pour tous des démocrates, des fabulistes du vivre-ensemble, du lien social, de l'ouverture et autres fadaises. « La musique adoucit les mœurs, cela est, mais elle n'influe en rien sur les rapports de force et de domination sourds à toute résolution. »

La langue, cela s'apprend : « Bien parler, s'exprimer en "bon français", disait-on jadis en France, quand il y avait des écoles, des instituteurs, des élèves et des ingrédients *ad hoc* pour lier la sauce : la discipline, la ponctualité, la politesse, les bons points pour récompenser les cadors et les bonnets d'âne pour stigmatiser les cancres. » Et puis la langue est principe d'identité et de souveraineté : « Plus un pays maîtrise sa langue et l'entretient avec la passion du jardinier amoureux de ses plantes, mieux il respire la force, nourrit ses neurones, aiguise son regard et son intelligence, son imaginaire et son flair et au bout fortifie sa personnalité. »

Boualem Sansal aime la France, il la connaît, la comprend et ne peut consentir à la voir signer ainsi la reddition avec elle-même. Abandonner Boualem Sansal à son sort, c'est abandonner un homme et c'est abandonner une certaine idée de nous-mêmes. Notre attachement à la liberté d'expression, assurément, mais à condition de ne pas se contenter d'un slogan : une liberté d'expression soutenue par la passion de la langue, la conscience de ce qu'elle est – héritage des siècles, « cadeau royal que les rois de France ont fait aux Français » –, de ce qu'elle peut : « pierre angulaire de l'édifice symbolique national », ciment d'un peuple, précisément en vertu dans son ancrage dans le passé, de son épaisseur historique. Une langue qui n'est pas un simple moyen de communication, « une langue d'administration », Boualem Sansal souffre de la voir réduite à ce misérable statut : « Nos langues ne nous servent plus qu'à communiquer entre nous, pas avec les dieux qui nous ignorent, pas avec la nature que nous brutalisons. »

Brochée sur la littérature, la langue française est, était inséparable d'un art de vivre : la langue française, rappelle Sansal, fut celle « de la puissance, de la liberté, de la beauté, de la connaissance, de la diplomatie, de la séduction, de l'art de vivre dans la légèreté » ; la passion du mot qui dit la chose, la dévoile, la révèle ; la passion de connaître, de comprendre, le *gai saber* des troubadours dans la lignée desquels Nietzsche s'est inscrit. « Le savoir, écrit magnifiquement Sansal, est un bonheur, une joie, un contentement absolu, une ivresse. »

Il faut lire son évocation de Vaugelas qui, jusqu'à son dernier souffle, garda le souci de la langue : « Je m'en vais, je m'en vas mourir, car l'un et l'autre se disent », aurait-il dit dans un dernier soupir. Et Sansal de saluer magnifiquement notre grammairien du XVIIe siècle : « Ça n'est pas mourir, Monsieur Vaugelas, c'est entrer dans la légende et l'éternité. La langue c'est aussi cela, le devoir avant tout et la leçon jusqu'au bout. »

Que nous autres Français, nous soyons les obligés de Boualem Sansal, Monsieur le Président, la démonstration est-elle encore à faire ? N'est-il pas temps de nous acquitter de la formidable dette que nous avons contractée à l'endroit de cet amoureux de la France ?

« Jamais nous ne manquerons à la vie comme elle nous manquera », écrivait-il. Rendons-la-lui, vite. Très vite.

***Bérénice Levet** est docteur en philosophie, essayiste et spécialiste d'Hannah Arendt. Elle est notamment l'auteur du* Musée imaginaire d'Hannah Arendt *et du* Crépuscule des idoles progressistes. *Elle a publié, en 2022,* L'Écologie ou l'Ivresse de la table rase *et* Le Courage de la dissidence, l'esprit français contre le wokisme, *tous deux aux Éditions de l'Observatoire. Elle vient de publier* Penser ce qui nous arrive avec Hannah Arendt *chez le même éditeur.*

« Un arrangement n'est qu'un moyen de propager une illusion »

(*LE SERMENT DES BARBARES*)

Édouard Philippe

Comme beaucoup de Françaises et de Français, j'ai été bouleversé en apprenant la disparition puis l'incarcération de Boualem Sansal, mi-novembre, dans une prison des environs d'Alger. Depuis vingt-cinq ans, d'un livre à l'autre, d'une interview à l'autre, nous avons été nombreux à découvrir l'immense talent de cet écrivain dont la langue, tantôt cinglante, tantôt truculente, parfois difficile mais magnifiquement littéraire, raconte à elle seule ce qu'est la liberté : la liberté de créer sans entraves, la liberté de s'approprier une langue avec une telle virtuosité qu'elle semble presque nouvelle à chaque page, la liberté de rire de tous les rires qui soient, grivois, consterné, jaune ou noir.

Nous avons été bouleversés par l'arrestation de Boualem Sansal, parce qu'il incarne la liberté dans un pays qui la redoute – et qui l'éteint à petit feu, dans l'administration, et par la force, quand la routine ne suffit plus.

Son premier roman, *Le Serment des barbares*, est un chef-d'œuvre, littéraire et politique, qui revisite le genre du polar pour décrire tous les lieux qui disent l'effondrement d'une société : la police, la justice, l'hôpital, le cimetière... Trente ans après l'indépendance, l'Algérie y est peinte déchirée par la guerre civile où « les commerciaux de l'épouvante » se rejoignent « pour se féconder dans l'anarchie et accoucher du jamais-vu sur la planète ». Dès ce premier roman, Sansal s'est imposé comme l'une des plumes les plus acérées, les plus clairvoyantes, les plus lumineuses d'une Algérie sombrant dans l'horreur : « La démocratie naissante, au lieu d'arrondir les angles, a aiguisé les couteaux. Les gens n'eurent pas le temps de souffler une bougie que la liberté d'expression leur déchira la gueule. Les poings et les armes parlent seuls ; le premier mot est le coup de la fin. La peur du Système s'est adjoint la peur de l'autre ; c'est plus présent ; on parle de terreur au quotidien. »

« Savoir raison garder il faut, mais comment le dire aux fous ? » Comment, en effet ?

D'un livre à l'autre, Sansal dénonce l'essor d'un islamisme politique qui s'étend et qui monte en puissance en s'affirmant comme une religion totalitaire, dont la violence commence et culmine dans la tentative d'annihilation de la moindre parcelle de liberté féminine. Toutes les autres haines, la haine de l'Occident, la haine de la démocratie libérale et de ses valeurs, se greffent en chapelet à cette haine fondatrice, structurante, presque identitaire, la haine des islamistes pour les femmes.

Si l'œuvre de Sansal nous touche autant, en France et bien au-delà, c'est qu'elle n'en finit pas de nous mettre en garde. Dans *Gouverner au nom d'Allah. Islamisation et soif de pouvoir dans le monde arabe*, j'ai été frappé par la manière dont il raconte que « cette vague de bigoterie venue du Moyen-Orient » ne suscita d'abord qu'une attention « lointaine et condescendante », jusqu'à ce que le pays se réveille un jour en découvrant que « cet islamisme qui nous paraissait si pauvrement insignifiant s'était répandu dans tout le pays, à travers le réseau de nos mosquées et de nos souks où il dispensait ses prêches et écoulait ses manuels, et avait gagné le cœur des gens, les jeunes notamment, en rupture avec le monde étriqué et sans horizon que leur promettait le socialisme bureaucratique au pouvoir ». Presque insensiblement, l'Algérie a donc glissé des séductions de l'Internationale communiste aux terreurs de l'Internationale islamiste. Sansal rappelle qu'après les émeutes d'octobre 1988, le pouvoir se trouve acculé à l'organisation d'élections législatives anticipées que remportent haut la main, en 1991, les islamistes regroupés dans un nouveau parti contraire à la Constitution, le Front islamique du salut (FIS). En cassant les élections et en emprisonnant les principaux leaders islamistes, l'armée ouvre alors une décennie noire, « une fin de monde à huis clos, écrit-il, qui un jour gagnerait toute la planète ».

Lorsqu'on lui demande s'il est optimiste ou pessimiste, Boualem Sansal répond qu'il n'aime pas se poser la question en ces termes parce qu'ils renvoient à une forme de passivité émotionnelle, alors que, face à l'islamisme, pour défendre toutes les libertés, il faut se battre.

Aujourd'hui, l'incarcération de Boualem Sansal nous rappelle, avec une urgence tragique, que nous devons nous battre sur tous les fronts. En imposant un bras de fer politique et diplomatique à l'Algérie, pour que Boualem Sansal soit libéré. Et nous devons nous battre, en France, contre l'islamisme, notamment dans les banlieues où « nous oublions que nous vivons en France, à une demi-heure de Paris » parce que « les valeurs qu'elle proclame à la face du monde n'ont en réalité cours que dans le discours officiel », écrit-il dans *Le Village de l'Allemand.* Boualem Sansal a peu de bienveillance pour les partis ou les intellectuels qui refusent de regarder la réalité en face ou qui, pire encore, cherchent à l'instrumentaliser à des fins politiciennes.

Le mot qui revient le plus quand on parle de Boualem Sansal, au-delà du génie de l'écrivain, c'est le courage de l'homme. Et il est assez frappant de voir que ce courage, qui se sublime dans ses livres par une forme de violence contre toutes les violences, s'exprime, chez l'homme, par une douceur, une extrême courtoisie que l'on se méprendrait à prendre pour de la faiblesse. En ces jours de détention, nous ne pouvons qu'imaginer avec colère combien ce grand monsieur, qui est aussi un homme âgé et malade, doit, une fois encore, repousser les limites du courage et de la force pour survivre à cette nouvelle tentative de le faire taire.

Alors lisons ses textes, enseignons-les et puisons-y la volonté de défendre ce que Boualem Sansal incarne aujourd'hui mieux que quiconque : la passion de la liberté.

***Édouard Philippe** est maire du Havre, ancien Premier ministre et fondateur du parti Horizons.*

Littérature et dévoilement

Jean Szlamowicz

Grâce à Boualem Sansal, on constate que non seulement la littérature n'a rien perdu de son pouvoir critique et subversif, mais qu'elle œuvre au dévoilement de vérités latentes et refoulées. D'une part, l'espace de la fiction produit un cadre où l'imaginaire a libre cours pour ébranler ses propres certitudes – en quoi la littérature est le contraire d'une idéologie, puisqu'elle invite au questionnement dans un univers textuel. D'autre part, cette parole poétique dépasse aisément les discours laborieux des scribouillards élaborant des « thèses » et des sectateurs de la déconstruction car elle ne se laisse pas réduire à un simple cadre doctrinal. Elle porte même des vérités dont la puissance est potentiellement assez dérangeante pour qu'on veuille la faire taire. Boualem Sansal n'est pas militant, ni membre d'un parti, ni engagé dans aucune action politique : il aura donc suffi qu'il expose des idées pour que se dévoile la rancœur, la mesquinerie, la cruauté du gouvernement algérien.

LE DÉVOILEMENT POLITIQUE

Par son seul discours critique, Boualem Sansal a ainsi provoqué les mauvais penchants des dirigeants qui se sont débusqués d'eux-mêmes. En le traitant de traître et d'imposteur, ces apparatchiks ont révélé ce qu'ils attendent de leurs compatriotes : une obéissance servile, une allégeance sans condition, une détestation xénophobe à l'encontre du Maroc comme de la France, un antisémitisme avoué.

Or, au-delà de la révélation de l'hostilité du pouvoir politique en place en Algérie et de ses tendances despotiques envers la liberté d'expression, ce discours s'est trouvé relayé sur les réseaux par la parole de ses séides résidant en France. Ce dévoilement en cachait donc un autre : l'adhésion à une conception doctrinaire et autoritaire de l'opinion, ainsi qu'aux sentiments anti-français les plus primaires. On découvrait ainsi que la virulence haineuse du pouvoir algérien est partagée par ce qui semble désormais constituer une cinquième colonne au sein de la nation française, devenue simple localisation permettant à ces cohortes une pure prédation financière, dénuée d'appartenance culturelle ou politique, s'autorisant d'une mémoire manipulée pour justifier une détestation éternelle et exciter à l'action contre les exilés politiques et contre la France elle-même.

À l'instar de l'antisémitisme, cette démagogie de la rancœur sert de colonne vertébrale à une nation sans projet, dont le ressentiment et l'agressivité paraissent être les seules perspectives de consensus, alimentant une identité minable et débilitante. Au-delà des enjeux politiques, le comportement du gouvernement algérien ne ressemble pas à celui d'un État responsable mais démontre l'hostilité impuissante d'un État-racaille prenant en otage un écrivain, défi gratuit et stérile, piètre démonstration de force honteuse pour annoncer à sa population ce qu'il en coûte de vouloir être libre de ses paroles.

Boualem Sansal n'aura donc été qu'un prétexte pour la rage anti-française. À ses dépens, il en aura révélé l'ampleur, concentrant sur sa personne une sorte d'accusation d'apostasie nationale dont il a supporté personnellement les conséquences. Là où l'intelligentsia déconstructrice européenne applaudit comme trublions institutionnels ceux qui crachent sur leur propre pays quand ils sont européens – l'antipatriotisme étant devenu une figure de style obligée en Occident –, on mesure ce que coûte un tel positionnement quand on ose critiquer un pays comme l'Algérie.

LE DÉVOILEMENT IDÉOLOGIQUE

Boualem Sansal aura aussi démasqué les adeptes du « oui, mais », désormais figure discursive prépondérante du champ polémique consistant à feindre une indignation consensuelle pour se ranger en définitive du côté des islamistes et des tyrans. En exerçant sa liberté d'expression, Boualem Sansal a montré qu'il existait dans le monde des intellectuels français des penchants liberticides concevant comme criminel de penser différemment d'eux. En critiquant l'islam, en vantant la laïcité, Boualem Sansal s'est trouvé encerclé par les idéologues simplistes, assigné à l'opprobre des étiquettes se voulant injurieuses. Ces zélés inspecteurs de l'orthodoxie l'ont donc enseveli sous les qualificatifs rituels, creux et mécaniques : « extrême droite » est désormais le terme que l'on applique à qui ne partage pas les opinions islamo-gauchistes. On devient ainsi nazi à peu de frais : Boualem Sansal a même été désigné comme « suprémaciste » ! En suggérant, contre toute réalité, qu'il serait un activiste de la race aryenne, on mesure l'hystérie hargneuse qui tient lieu de pensée à un camp politique persuadé qu'il est habilité à décréter la morale. Voilà ce que vaut de s'en prendre à la « religion de paix et d'amour ». Et dire qu'on lui reproche de ne pas vouloir distinguer nettement entre islam et islamisme... alors que les intellectuels français font le travail des islamistes, en diabolisant la critique de l'islam qu'ils désirent protéger du blasphème et en diluant la violence de l'islam politique en le présentant comme victime ! Leur soumission va logiquement jusqu'à sacrifier le romancier rebelle. En revanche, les brutes arriérées qui appellent au viol et au meurtre contre les Français, contre les Juifs, bénéficient toujours du regard bienveillant de notre caste d'intellectuels décoloniaux.

En ne revendiquant que l'indépendance de pensée et en refusant les obédiences, Boualem Sansal a démontré – sans même avoir besoin de l'expliciter – qu'il existe un champ d'autocrates grincheux distribuant les bons points de moralité, prêts à trouver légitime qu'on emprisonne un écrivain.

LE DÉVOILEMENT POÉTIQUE

Par son écriture entre émerveillement et mélancolie, enthousiasme et poésie, Boualem Sansal propose un regard qui n'appartient qu'à lui. Ce regard, qui sait se faire léger ou dramatique, porte sur des choses sérieuses. Par ce seul parti pris d'aborder la gravité du monde, Boualem Sansal se range du côté de la « grande » littérature.

C'est une écriture qui parle du monde et non du nombril mondain de l'autofiction dont se délectent les tenants de l'entre-soi.

Ce que les textes authentiques offrent, c'est une résonance dont chacun peut se saisir. En proposant un univers romanesque, l'auteur parcourt une portion du réel : il peut ainsi dire ce qui ne peut être dit, parce qu'une impression, un questionnement, une évocation ne sont pas de l'ordre de la démonstration, parce qu'un regard, un point de vue, un sentiment peuvent se partager sans s'imposer, contrairement à une doctrine. En cela, les perspectives sur le monde que propose Boualem Sansal, fruits de sa vie, de ses intuitions et de ses réflexions, nous aident à faire résonner l'actuel et à en ordonner le fracas ambiant.

Comme Václav Havel, Salman Rushdie, Alexandre Soljenitsyne et d'autres écrivains ayant trouvé dans la littérature la voie d'une émancipation qui ne soit pas que politique, mais philosophique, Boualem Sansal fait œuvre poétique. Si la dissidence envers le communisme ou l'islam se paye cher, ce décentrement rebelle de l'écriture génère grâce à sa résistance au conformisme attendu une lumière particulière, une ironie et une joie qui sont celles de la forme esthétique que prend la perception du monde de l'écrivain.

L'emprisonnement d'un tel auteur ne condamne pas sa pensée au silence. Au contraire, cela ne peut qu'entraîner la vocation de s'exprimer à son tour. Et rappeler que si une certaine littérature sert les carrières et la futilité des notoriétés vides, l'espace littéraire n'est pourtant pas immunisé contre la violence politique. À chacun de lire et d'écrire ce qui en vaut la peine.

Jean Szlamowicz *est linguiste et professeur des universités. Il est normalien, agrégé d'anglais et traducteur. Il est notamment l'auteur de l'ouvrage* Les Moutons de la pensée *paru aux Éditions du Cerf en 2022. Il est avec Hubert Heckmann et Lisa Romain à l'origine du site* Littérature et liberté, *créé par des chercheurs en littérature et des lecteurs de Boualem Sansal après son arrestation arbitraire, afin de continuer à faire vivre son œuvre tandis qu'il est réduit au silence.*

Un meneur et éclaireur

Najwa El Haïté

L'écrivain à la plume lumineuse et aiguisée incarne magnifiquement son prénom qui, en langue arabe, veut dire *le porte-drapeau, le meneur.* Boualem Sansal, c'est le porte-drapeau d'une France qui se veut offensive et sans concession avec l'islamisme.

Sa force réside dans son courage intellectuel. Il ose prendre la parole là où le silence est la norme, écrire là où la peur est une barrière. Il dénonce les compromissions, convaincu que la liberté de penser est la première des résistances. C'est le meneur d'une littérature engagée contre l'extrémisme religieux, contre les dogmes.

Son écriture, tantôt poétique, tantôt tranchante, est une arme contre l'oubli et l'aveuglement. Chaque roman, chaque essai est un cri lancé au monde, une invitation à réfléchir, à s'indigner, à rêver d'un avenir où les peuples se réconcilieraient avec leur histoire et leurs valeurs.

Boualem Sansal est ainsi plus qu'un écrivain : il est un éclaireur, une voix qui résonne avec la force de la vérité et la beauté des mots. Boualem Sansal est une source d'inspiration pour ceux qui prônent le dialogue, qui croient en la possibilité de bâtir des ponts entre les cultures et les civilisations. Il porte un regard lucide mais empreint d'espoir sur l'humanité, refusant de céder au fatalisme.

Boualem Sansal est bien le porte-drapeau de ceux qui aspirent à un monde meilleur.

***Najwa El Haïté** est avocate au barreau de Paris, conseillère juridique de l'association ATANGANA contre l'oppression et l'arbitraire. Le 29 janvier 2019, elle a été auditionnée par la mission d'information parlementaire sur les services publics face à la radicalisation créée par la Commission des lois de l'Assemblée nationale. Elle a notamment publié avec Yves Azéroual* L'Arnaque. Le programme du Front national enfin décrypté, *aux éditions David Reinharc.*

La lecture libère

Sylvain Tesson

L'élue française au large sourire et aux traits fins, qui a dit à la radio en apprenant l'incarcération de Boualem Sansal qu'« il n'a pas à être en prison, mais [qu']il n'est pas un ange », a certainement passé le réveillon de la Noël avec ses proches dans la gaieté, la chaleur et l'amour. Je le lui souhaite.

Boualem était en prison ce soir-là, avec, pour compagne, l'incertitude sur son avenir.

Qu'est-ce qui peut dessécher à ce point le cœur d'une belle gagnante de la bourgeoisie française, mère de famille nombreuse, femme riche, élégante, entourée, aimée, éduquée, comblée, qui n'a jamais passé une nuit incarcérée sur un lit d'angoisse et ne risque *absolument rien* à dire tout ce qu'elle veut ? Quelle jouissance éprouve-t-on à charger un artiste emprisonné ? Ressent-on une décharge psycho-physiologique, un sentiment de puissance ? Que pouvait exprimer cette cruauté ? Une revanche secrète ? Une jalousie d'écrivain ? Sandrine Rousseau, ce beau mystère.

Moi, la prison politique me terrifie. Et l'incarcération des artistes me révolte. Et je me demandais que faire pour manifester mon amitié à Boualem. À la Saint-Sylvestre, j'avais pensé à lui. Que faisait-il à cette heure de la nuit où nous bâfrions des strudels austro-hongrois au son de l'accordéon sur les bords du Danube ? Dormait-il déjà ? Avait-il un livre, de quoi écrire ? La lumière était-elle toujours allumée dans la pièce ? Combien d'heures par jour pouvait-il sortir à la promenade ? Penser à son prochain pendant que résonnent les flonflons de la fête, tu parles d'un acte courageux ! C'est toujours plus noble que de faire pénétrer son talon (aiguille) dans la tête d'un homme à terre, mais cela reste un arrangement facile avec sa conscience. Que faire, donc ?

Écrire une tribune pour redire la médiocrité, la tartufferie de ce gouvernement algérien ? Expliquer qu'il pactise avec les islamistes depuis les « années de sang » et dissimule sa peur derrière la tarte à la crème de la colonisation française ? Ce crime de défausse, cette esquive de responsabilité, ce reniement de soi, cet abandon de la mission d'État, cette épaisseur d'âme et ce vide de l'esprit, cet aveu de nullité, Kamel Daoud le démontre chaque semaine depuis des années avec minutie et courage. Et Boualem Sansal le dénonce depuis des années, avec originalité et constance, dans ses livres.

Je n'allais donc pas rajouter une tribune sur la lâcheté de Boumédiène, la tartufferie de Bouteflika, la bassesse de Tebboune. Ni sur la francophobie institutionnelle fourbie par les scribes de la récente mémoire algérienne et manifestée, *in situ*, c'est-à-dire en France, par certains Algériens venus en ambassadeurs de la haine.

Pour aider un écrivain emprisonné par un pouvoir, il n'y a qu'une chose à faire : le lire. La nature de l'écrivain se contient dans sa fonction. Sa vérité dans ses mots. À la fin est le Verbe. Plus que sa biographie, ses ouvrages définissent l'écrivain. Ses textes remplacent son absence et servent à la fois sa mémoire si on les réimprime, notre affection si on les acquiert.

Je me suis donc procuré *Le français, parlons-en !* de Boualem Sansal. Le libraire de la librairie Fontaine, au métro Duroc, m'a dit « on en vend beaucoup ». Le livre était disposé en piles sur la table, à droite de l'entrée.

Boualem s'y livre à une puissante et iconoclaste méditation sur l'origine des langues et du français en particulier. Il oscille entre l'érudition du philologue, la profondeur du mystique et le fantasque du poète. Il expose la facilité avec laquelle les lâchetés publiques acceptent de renier en quelques siècles les particularismes privés. Il montre qu'aucune singularité régionale ne survit à la raison d'État. C'est un ouvrage intime, synthétique, étrange, poétique et alluvial. Une ode à la langue, qui rend – une fois maîtrisée – les hommes libres et peut-être même heureux. Sansal adresse au passage des critiques contre les Français qui feignent de croire leur langue sortie toute cuite de la cuisse du latin et s'emploient à l'enlaidir aujourd'hui. Il plaint le gouvernement algérien, passablement inculte, terrifié par sa propre faiblesse, prêt à toutes les compromissions pour se maintenir.

Les dirigeants algériens ont bazardé l'héritage culturel et linguistique berbère et préféré se *soumettre à l'islam* (pardon pour la redondance) afin de contrôler le corps social. Ces hommes faibles ont enfermé Boualem. Le président Tebboune (Boualem l'appelle « le préfet Tebboune ») s'en prend à un écrivain. C'est le pouvoir dont il dispose. C'est la trace qu'il laissera.

En diffusant les œuvres de Boualem Sansal, en les lisant, on accomplit le plus significatif geste de soutien à son égard. En outre, on signale symboliquement au président Tebboune que la lâcheté de ses méthodes n'empêchera jamais la pensée de se propager. C'est elle qui triomphe à la fin. L'autocrate passe, manipulé par ses paniques. L'écrivain s'inscrit dans le temps.

On pourra lire Boualem Sansal longtemps après sa mort. L'histoire ne retiendra jamais le nom de Tebboune.

C'est la différence qui sépare la poésie du néant.

***Sylvain Tesson**, né en 1972, a écrit une vingtaine d'ouvrages. À Paraître,* Les Piliers de la mer *(Albin Michel), en mars 2025.*

QUAND LA LIBERTÉ EST UN CRIME

Manuel Valls

J'aime la langue puissante, foisonnante et sensuelle de Boualem Sansal depuis que je l'ai découverte dans *Le Serment des barbares*. J'admire son courage et sa virulence contre les islamistes. Je goûte son goût de la provocation dans sa défense intransigeante de notre langue dans *Le français, parlons-en !* Mais son œuvre est aussi plus complexe, marquée par le poids de la mémoire et de l'héritage, la quête permanente de la réconciliation universelle, ou sa vision orwellienne du futur.

Sa plume et sa voix incarnent une belle tradition littéraire, celle de la liberté de penser que nous chérissons depuis Voltaire.

Mais tout cela a fini par lui coûter cher. Il est emprisonné depuis des semaines par un régime qui ne supporte pas l'esprit libre d'un intellectuel brillant et inclassable.

Nous ne pouvons pas tolérer, quelles que soient ses prises de position politiques, la réduction d'un écrivain au silence. Il s'agit d'un principe intangible, celui de la liberté de conscience et d'expression, sur lequel il ne faut jamais transiger.

J'ai été heureux de lire et d'entendre de nombreuses voix venant de la droite comme de la gauche, de nombreux intellectuels – je pense à tous nos Prix Nobel de littérature, de JMG Le Clézio à Annie Ernaux, et à tous les lauréats du Grand Prix de l'Académie française – lui apporter leur plein soutien et réclamer sa libération immédiate. Nous nous sommes retrouvés nombreux, à plusieurs reprises, pour lui apporter notre affection et notre soutien.

Je n'oublie pas que la liste des intellectuels et journalistes poursuivis, condamnés ou interdits de sortie du territoire par le pouvoir algérien est malheureusement longue, sans soulever l'indignation qui devrait s'imposer. L'arrestation de Boualem Sansal est non seulement un acte contre l'intelligence, mais aussi un signal brutal du régime contre la France. Il est, chacun l'a compris, la conséquence de la crise entre nos deux pays en raison de la reconnaissance par la France, en juillet 2024, de la souveraineté du Maroc sur le Sahara occidental, mettant fin à sept années de tentatives de réconciliation. Depuis son élection, Emmanuel Macron n'a eu de cesse, avec souvent des gestes forts et bienvenus, des mots qui ont aussi provoqué le débat et la polémique, de conforter la relation avec Alger à travers un travail commun sur la mémoire historique. En vain. La réconciliation, le régime n'en veut pas et en demande toujours plus. Il fustige en permanence l'ancienne puissance coloniale pour alimenter la rente mémorielle sur laquelle le système autoritaire et répressif compte pour se maintenir au pouvoir.

La vieille rhétorique du « oui, mais »

Je n'ignore pas que souvent, en France, face à la violence d'État exercée sur les artistes et les intellectuels algériens, la défense de ces consciences universelles s'avère d'une faiblesse coupable. Pour certains, tout le monde n'est pas digne d'être défendu lorsqu'il est diffamé, persécuté ou emprisonné pour « délit d'opinion ». J'ai lu beaucoup d'articles dans la presse faisant état des seuls soutiens de la droite et de l'extrême droite à Boualem Sansal, comme pour jeter un doute sur ses combats. J'ai vu, sur le service public de la télévision, une gauche intellectuelle et médiatique se faire le relais d'analyses et d'expressions insupportables. Ce terrible « oui, mais » entendu à maintes reprises.

Oui, son arrestation n'est pas normale... mais Boualem Sansal a porté atteinte au sentiment national algérien. Oui, son emprisonnement est un problème... mais il est allé trop loin, il a exagéré.

C'est une vieille rhétorique. On instruit ce procès avec le même argumentaire entendu, en 1989, quand Salman Rushdie fut cloué au pilori par l'ayatollah Khomeyni et une partie de la gauche, au nom du concept d'« islamophobie », ce mot que l'on inventa pour faire taire les critiques de l'islam politique. *Charlie Hebdo* aussi était allé « trop loin » en publiant les caricatures du prophète Mahomet. On pourrait remonter plus loin encore quand, en 1973, la gauche communiste et sa presse traitaient de *réactionnaire* et d'*ennemi du socialisme* Alexandre Soljenitsyne au moment de la parution de *L'Archipel du Goulag* en France.

Aujourd'hui encore, des responsables politiques et des médias classés à gauche n'admettent pas qu'un intellectuel puisse s'en prendre à l'islamisme. Comme il y a soixante ans, on vous accuse de « faire le jeu » de l'adversaire. Mettre en cause l'URSS, c'était alimenter l'extrême droite et faire le jeu des États-Unis ou du capitalisme. On a changé les mots, mais ils revêtent la même logique insupportable, lâche, qui consiste à accepter une partie de l'argumentation qui a mené Boualem Sansal derrière les barreaux. Parce qu'il blesserait le sentiment national algérien. Parce qu'il remettrait en cause l'histoire de l'Algérie et le récit révolutionnaire du FLN. Parce qu'il serait colonialiste et islamophobe. Parce qu'il serait sioniste, donc ami des Juifs...

Boualem Sansal comme Kamel Daoud « trahissent » leur identité arabo-musulmane et leur pays d'origine en prenant le parti de la liberté d'expression.

Boualem Sansal comme Kamel Daoud sont supposés être des Arabes musulmans, donc toujours du côté des Arabes et des musulmans et, forcément, des Palestiniens. L'auteur de *Meursault, contre-enquête* avait déjà été mis en cause après avoir écrit ce magnifique article sur les agressions sexuelles du 31 décembre 2015, commises par des migrants, à Cologne. Premier écrivain algérien lauréat du prix Goncourt, il a vu ses publications interdites en Algérie par la simple évocation, dans son dernier roman, *Houris*, de la décennie noire, faisant ainsi passer au second plan la guerre d'indépendance contre le colonisateur.

Tous les deux, encore davantage depuis qu'ils ont reçu la nationalité française par une heureuse décision du président de la République, « trahissent » donc leur identité arabo-musulmane et leur pays d'origine en prenant le parti de la liberté d'expression. Le traître est celui qui a commis la faute irréparable : il a rejoint le camp de l'ennemi, celui de l'ancienne puissance coloniale, de l'Occident, de l'impérialisme, du capitalisme, des États-Unis et d'Israël. On mélange toutes les causes et tous les anathèmes pour dresser le bûcher. Il trahit son peuple, sa nation et sa religion. Bref, c'est un « infidèle », un « renégat », un « collabo », un « Harki », un « sioniste », si l'on en croit la presse officielle. C'est à vomir car la haine des Juifs se déchaîne aussi à cette occasion.

Comment peut-on alors entendre en France, notamment sur les réseaux sociaux, « traître », « facho », « réactionnaire », « zemmourien »... à l'égard de celui qui est devenu l'otage d'une dictature ? Comment Mathilde Panot, la cheffe de file des députés LFI, admettant une « dérive » du régime algérien et réclamant la libération de Sansal, peut-elle rapidement dévier sur le cas de la France, qu'elle accuse de détenir aussi des prisonniers politiques ? Ce relativisme est une manière de renoncer à tout.

Dans ce moment, comme pour Alexandre Soljenitsyne ou Salman Rushdie, la conscience universelle doit balayer les petits calculs et les trop nombreuses lâchetés. La mobilisation pour la libération de Boualem Sansal est essentielle, personne ne doit manquer dans ce combat. Un homme est aujourd'hui incarcéré parce qu'on lui reproche d'être un esprit libre ; avec lui, c'est notre esprit français, une certaine idée de l'universel, qui est emprisonné. C'est la liberté qu'on embastille.

__Manuel Valls__ est né en 1962 à Barcelone. Il a été ministre de l'Intérieur puis Premier ministre entre 2012 et 2016. Il est aujourd'hui ministre d'État, ministre des Outre-mer.

REMERCIEMENTS

L'éditeur remercie Cyrill Vachon, dont l'accompagnement bienveillant et le professionnalisme lui ont été précieux. Il exprime également sa gratitude à Guy Bensoussan pour ses conseils avisés et sa prévenance, ainsi qu'à Lisa Romain, Fanfan Derai, Sophie Delassein et Stéphane Bily.

Un grand merci à Pascal Salembier, de l'imprimerie La Manufacture, dont l'engagement et la réactivité ont permis d'imprimer ce livre dans des délais records.

La réalisation de cet ouvrage n'aurait pas été possible sans Anna Berreby, Yaël Friedman et Quentin Verwaerde.

Et merci à Clara, bien sûr ; à Yaël, pour son soutien fraternel ; et à Myriam Maestroni, pour ses ondes positives.

Schibboleth

ACTUALITÉ DE FREUD

#agir ensemble

Cet ouvrage a été imprimé
par La Manufacture.
Dépôt légal : mars 2025
ISBN : 978-2-493575-58-6

Imprimé en France